百年巨匠

水墨淋漓意磅礴

大师 李苦禅

Century MasterS
Li Kuchan

隋肖左 ◎ 著

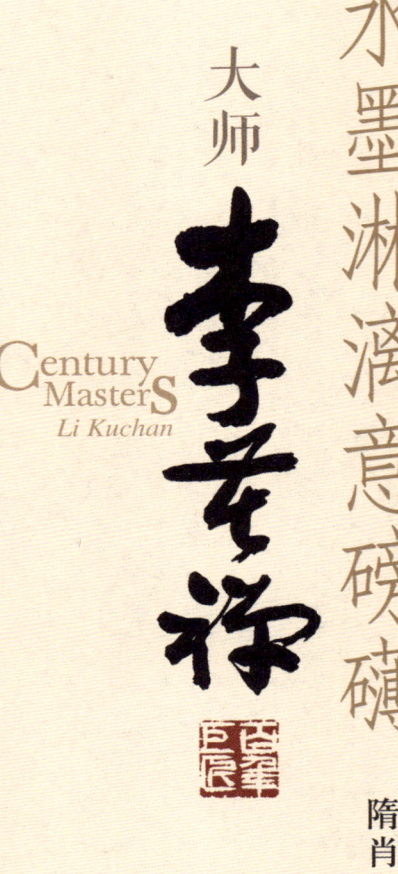

敦煌文艺出版社

图书在版编目（ＣＩＰ）数据

水墨淋漓意磅礴：大师李苦禅 / 隋肖左著. — 兰州：敦煌文艺出版社，2019.11
ISBN 978-7-5468-1841-2

Ⅰ. ①水… Ⅱ. ①隋… Ⅲ. ①李苦禅（1899-1983）—传记 Ⅳ. ①K825.72

中国版本图书馆CIP数据核字（2019）第248584号

百年巨匠 国际版系列丛书

水墨淋漓意磅礴

大师李苦禅

隋肖左　著

总 策 划：杨继军　徐　淳　余　岚
责任编辑：杨继军
艺术监制：马吉庆
装帧设计：李晓玲　禾泽木

敦煌文艺出版社出版、发行
地址：（730030）兰州市城关区读者大道568号
邮箱：dunhuangwenyi1958@163.com
博客（新浪）：http://blog.sina.com.cn/lujiangsenlin
微博（新浪）：http://weibo.com/1614982974
0931-8773148（编辑部）　　0931-8773112（发行部）

成都市金雅迪彩色印刷有限公司印刷
开本 710毫米×1000毫米　1/16　印张 11.25　插页 1　字数 120千
2020年1月第1版　2020年1月第1次印刷
印数：1～3 000

ISBN 978-7-5468-1841-2
定价：48.00元

如发现印装质量问题，影响阅读，请与出版社联系调换。
本书所有内容经作者同意授权，并许可使用。
未经同意，不得以任何形式复制转载。

目录 Contents

第一章　土生土长
2　第一节　诞生农家
10　第二节　八岁开蒙
22　第三节　聊城上学
29　第四节　得遇名师

第二章　艰难困苦
38　第一节　北上艺术殿堂
43　第二节　学艺徐悲鸿
49　第三节　投身五四运动
56　第四节　慈音寺奇遇
65　第五节　考取国立艺专
71　第六节　拜师齐白石

第三章　日渐峥嵘
84　第一节　小荷才露尖尖角
90　第二节　结识知音王森然

99　第三节　创办吼虹书画社
107　第四节　任教杭州艺专
114　第五节　南潘北李显威名
122　第六节　因戏结缘盖叫天

第四章　慷慨激昂
130　第一节　重返北平
137　第二节　遭遇婚变
142　第三节　不做亡国奴
150　第四节　支持抗日坐地牢
157　第五节　任教国立艺专

第五章　迎来解放
162　第一节　画鹰表心志
166　第二节　给毛主席写信
173　第三节　人生悲苦　禅意栖居

第一章

土生土长

TUSHENGTUZHANG

1899年1月2日，山东省高唐县李奇庄一户普通农民李金榜家，一个男婴呱呱坠地。多年后，这个孩子在艺术的瑰丽世界里，开创了一个绚烂的时代。他就是日后成为一代书画大师的李苦禅。

第一节
诞生农家

  1899年1月11日,山东高唐李奇庄一户普通农民李金榜家,一个男婴呱呱坠地。听着孩子倔强响亮的哭声,李金榜不禁喜上眉梢。虽说世道艰难,生活不易,家里多了一张吃饭的嘴,但高兴的是家里又多了个男孩,长大后可以顶门立户。世代务农的父亲,给儿子取名英杰,字超三,希冀他以后能成为英雄豪杰似的人物。他没有想到的是,多年后,他的这个儿子,果然没能帮他在土地上春种秋收,却在艺术的瑰丽世界里,开创了一个绚烂的时代。

  这个男婴,就是日后成为一代书画大师的李苦禅,他是家中第六个孩子。

  高唐今天隶属于山东省聊城市。此地位居战国时代齐

李苦禅的家乡高唐

国、鲁国和赵国的分界线上，深受齐风鲁韵和燕赵文化的熏陶，民风淳朴，崇文尚武。李奇庄位于高唐县城西30千米，齐鲁古国的界河马颊河绕村而过，河上的白帆点点和渔歌唱晚，为这个恬静偏僻的村庄，平添了几分灵动和韵律。

小英杰的家就在马颊河边。农民之家，一切吃穿住用，都要从黄土地里求来。父母细细挑选马颊河河畔的细沙，洗净晾干，装入布袋，这就是这一带劳苦人家世代相传的婴儿襁褓。这种沙袋，无须尿布，脏了换换细沙，洗洗身体，还具有冬暖夏凉的功效。沙土襁褓，是穷人的无奈，也是穷人的智慧。

秋收农忙，小英杰未满周岁，就被父母带到田边。地里庄稼不等人，人误地一时，地误人一年啊。父母顾不上照顾，只好将布袋放在地头，隔一会，伸直了腰，远远望上一眼。懵懂无知的婴孩却自得其乐，时而在襁褓中扭动身体，时而用双手抓握土地，只有实在等得太久，渴了饿了，才会撇开小嘴大哭几声，召唤母亲。就这样，小英杰屁股下垫着土，手里握着土，眼睛里看着土，一天一天，一点一点长大。多年以后，李苦禅回忆起自己的童年时，最常说的一句话就是——"我是一个土生土长的农村人"。

很快，英杰会走了，奶奶从箱子底下找出一对葫芦状的小铃铛，穿上红丝线，挂在他的脖子上。歪歪扭扭稚嫩的脚步走到哪里，铃铛声就响到哪里。他自己也是个小铃铛，父亲下地干活，他跟着走到地里，抓蚂蚱，扑蝴蝶；母亲河边洗衣，他也闹着要去，拉着母亲的衣角，小心翼翼地用脚试探河水，有模有样地模仿母亲挥动棒槌。不过，英杰最喜欢的，还是跟着爷爷去村中的古庙玩。

古庙是一座关帝庙，位于村庄中心，是村民消遣娱乐、聊天交际的主要场所。这里有下棋的，有练武的，有捏糖人的，有卖针头线脑的，天天都很热闹。一来到古庙，平素调皮好动的小英杰好像换了个人，他不再和男孩们玩骑马打仗，更喜欢安安静静地看捏糖人。软软的饴糖，在艺人的手里，能变成手拿金箍棒的孙悟空，也能变成肩扛九齿钉耙的猪八戒。多么奇妙啊，一截小小的梳子，按一下就是猪八戒大耙子，一根细细的竹签，搓一搓就是孙悟空的金箍棒。手艺人化腐朽为神奇的艺术力量，第一次在他幼小的心灵留下印记。

古庙还有彩绘泥塑和壁画。哼哈二将一个浑身发青，一个遍体红紫；一个

从小李苦禅就喜欢在关帝庙中玩耍

腰系五彩流云朱砂裙,一个腰扎金黄护裆虎皮裙;一个鼻孔大张,双唇紧闭,一个巨口大开,叱咤风云。塑像捏造得栩栩如生,遍体突起的腱子肉,增添了无穷神力。英杰总是被这些塑像和壁画吸引,绕着细细观看。四大天王张牙舞爪,观音菩萨慈眉善目,别人看几眼索然无味,他却一看小半天儿乐此不疲。旁边的老人看见,笑着对爷爷说:"你这个孙子不简单,小小年纪有静气,怕不是长大了能做个大官呢,哈哈哈……"爷爷听了,磕一磕烟袋锅中的烟灰,也笑着回应:"当大官不敢想,长大了,能有口饱饭吃,能对得起兄弟爷们就行了!"

说是这样说,爷爷也很快发现,英杰果真有与其他孩子的不同之处。他的这个孙子,聪明伶俐,智力过人,记忆力也很强。拿一枝树枝,在地上画几笔,就是个公鸡的样子;给他讲一段《水浒传》的英豪故事,总是很快就记住,还能自己添枝加叶再讲给别的孩子。爷爷看在眼里,喜在心上,从此对他更有一份偏爱。

穷人的孩子早当家。小英杰六岁

李苦禅作品《教五子图》

了,他不能像富贵大家的孩子,有各种各样的玩具,也不能像殷实人家的儿女,有父母无微不至的呵护。虽然还只是个孩子,也必须要帮家里做家务活了。

天还蒙蒙亮,英杰喝上一碗高粱米稀饭,紧紧裤带抹抹嘴,拿上镰刀,背上几乎比他还要大的草筐,出门去打猪草。田野就是他的游乐场,小鸟、野兔就是他的玩伴。英杰喜欢观察各种各样的小昆虫,蚂蚱为什么跳得那么远?小蚂蚁怎么能找到回家的路?小燕子为什么春天飞来,秋天飞走?

对农家的孩子来说,大自然似乎蕴藏着无边无尽的乐趣和奥秘。他抓蚂蚱,捏住后腿,让蚂蚱在手里给自己"磕头";爬上树,屏住呼吸捂住蝉,放在草编的笼子里,听蝉给自己"唱歌"。一直到太阳西斜,才背上满满一筐猪草,胳膊夹着一小捆柴火,歪歪扭扭走回家。

回到家,那些小动物、小昆虫的形象还是伴随着他,吸引着他。有时,在睡梦中,这些图案好像有了生命,和他说话,和他玩耍。渐渐地,英杰开始描绘脑海中的这些形象。没有纸笔,一根木棒,一捧沙子,也能留下蝴蝶的翅膀,画出蜻蜓的轻盈。没有老师教,全凭自己的想象,靠着对线条的想象,对结构的尝试,幼小的孩子开始追逐画面之美。

在厨房做饭的母亲,瞥见英杰爱画画,觉得不吵不闹,挺省心。招呼孩子进来,从炉灶下捡拾出几根未烧尽的木炭条,交给他当画笔。这下子小英杰可称心如意了,一边唱着一边涂,地上、墙上、台阶上、大门上,到处涂抹着稚嫩的画笔。

父亲从地里回来,看见这一切,又好气又好笑。当爹的佯装生气,大声喝道:"小六子,谁让你在家里画的?你看看你弄的这一摊!"小英杰可不怕,他沾满黑炭的手指着墙上的画兴奋地说:"爹,你看看我画得好看不?这是荷叶,这是南瓜,这个是小青蛙……"

"南瓜不圆像冬瓜,青蛙像个土坷垃。"父亲打趣他。

"就像,就像,俺画的就是小青蛙。"英杰涨红了脸,不服气。

"你画这些有啥用啊,不当吃不当穿,你有那空闲还不如帮你娘拉风箱

李苦禅作品《小院葡萄邀禽来》

呢。"父亲说道,"以后不许在家画了,抹得到处是,多难看。"

小英杰听父亲说画画不当饭吃,一时也无从反驳,憋了半天喊出一句话:"不让我在家画,我出去画!"

百年前的中国乡村,贫苦农民的家庭,生活似乎永远围绕着粮食打转。春种秋收,四时不误,粮食就是天,土地就是命。赶上风调雨顺,好歹够一家吃用,遇上天灾,就只能有什么吃什么。英杰7岁那年,从春天就开始大旱,到了6月都滴雨未下。家家大锅里熬煮的,高粱米越来越少,榆树叶、米糠越来越多。到了8月,村旁的大路上,已经可以看见三三两两的灾民离家逃荒。听着撕心裂肺的离别之声,目睹衣衫褴褛、面黄肌瘦的灾民,小英杰的脑海里,留下了深刻而悲苦的印记。

对于英杰来说,饿,就是他童年抹不去的永恒记忆。一大家子十几口人,吃食全部依赖坡地上那几亩薄田的产出。平时吃的是红薯,喝的是高粱米和小米稀粥,几块咸菜疙瘩,切成丝就是佐餐的美食。只有过年的时候,这是英杰最为盼望的时刻,家里会去集市上买几块豆腐,割上半块猪肉,这是一年中只有春节才能见到的奢侈品。母亲将豆腐用油炸成豆腐泡,配上自家生发的豆芽,放两把红薯粉条,炖成一锅香喷喷的豆腐汤。吃一碗,那滋味别提多美了,这是人间至极的美味,是长大后走到哪里都无法忘记的家乡味道。

可春节一年才一次。平时,刚吃完没多久,英杰的小肚子就开始咕咕叫,缠着母亲要吃的。可惜,每次恳请,换来的不是吃的,而是一记不轻不重的巴掌。不是当娘的心狠,是实在没有多余的吃食。

每当这时候,奶奶总是挪着小脚,把小孙子领过去安慰。奶奶搂着委屈啜泣的小英杰,抹去他脸上的泪滴,对他说:"英杰乖,英杰不哭了,奶奶给你讲故事。"英杰喜欢听奶奶讲故事,书生赶考路上遇见个好心的小姐,其实是个狐狸精变的;水泊梁山的武松武艺高强,一个人打死了一只吃人的老虎……奶奶好像有说不完的故事,听着听着就不觉得饿了。有的时候,奶奶还会变魔术,手伸进枕头底下，握成拳头拿出来让小孙子猜。苍老的手里，每次不是两颗红枣，就是三粒花生。不管猜对猜错，红枣花生最后都进了英杰的嘴里。

吃着香喷喷的花生大枣，依偎在奶奶怀里，小英杰脸上露出了笑容。他不知道的是，奶奶有老胃病，这些零食，是奶奶胃酸时候止痛的"药"啊。

第二节
八岁开蒙

英杰家所在的西寨门外,有一处不小的湖泊。不知何时起,湖泊里种下莲藕,年复一年,莲藕长得甚是茂盛。到了夏天,荷塘边的柳荫下,成了村民纳凉消暑的好去处。坐在湖边望去,层层叠叠的荷叶布满荷塘,高低不一,参差不齐,满眼都是绿色。当荷花开放后,景色更加迷人,深红的、粉红的、白的荷花或疯狂绽开,或含苞待放。各色的蜻蜓在荷塘上盘旋、飞行,一派生机盎然。

小英杰喜欢跟着奶奶来到荷塘边玩耍,这里有太多的景致观赏,也有太多玩耍的乐趣。看着绿色的荷叶,红色的荷花,奶奶总会给他讲起莲藕的好处。到了秋天,荷花会凋谢,荷叶会枯干,但在地下,莲藕却暗暗地努力长成。

李苦禅自小就非常喜爱出淤泥而不染的荷花

"莲藕什么样？奶奶，莲藕好吃吗？"小英杰都还没有见过莲藕。

"好吃！莲藕白白的，甜甜的，脆脆的，能当粮食能当菜。"奶奶说："等秋天让你爹给你换些莲藕吃。"

英杰看着荷塘，不解地问："黑乎乎的污泥里，能长出白白的莲藕来？"

"那可不，湖里的泥黑乎乎，莲藕长得才好。"奶奶说。

奶奶的话，在英杰心里种下了根苗。原来苗壮的荷叶，美丽的荷花，只是美在表面，在污黑的泥里，才蕴藏着真正的收获和美丽。

秋后，荷塘的水位下降。大人们果然卷起裤腿，下到塘里，扯开枯干的荷叶，开始挖藕。英杰终于见到了莲藕的模样，尝到了莲藕的滋味。他幼小的心田，从此留下了白藕、绿叶、红花的印记。荷，出于泥土，长于泥土，一切荷的美丽，都源于它脚下的这方水土。在以后的书画创作中，这一切美好的形象，都成为他经常描绘的主题。

他日后也创作了许多残荷图、荷藕图等艺术精品，天然有趣，生机盎然。其晚年创作的巨幅《盛夏图》（荷花图），是用四幅丈二匹宣纸接成而画，面积达到22.04平方米。花如盆，叶如盖，梗如臂，盛开的荷花、山石、水鸟，组成了作品庞

李苦禅作品《盛夏图》

大的画面。任何人看到，都能感到一股强烈的生机和自然之美。在另一幅《墨荷图》上，他还阐述了自己的笔法理论，写道："或者云谓花，或者说是叶，花叶人不知，毋宁说渖墨，渖墨人不晓，毋宁云奚若，奚若奚若再不明，毋宁说鸿蒙。"画上题字仅42个，境界高古宏大，表述通俗简洁，语言朴实风趣，道理清晰，这是蕴含丰富生活经历和深厚艺术修养的表现。如果没有少年时期与自然亲密接触的经历，是不可能信手拈来、表述自然并融于生活之中的。

又一年过去了。1906年的春节如约而至。农家过年，简朴而热烈。家家都在置办年货，有钱的多买些，没钱的少买些。村里的教书先生成了最繁忙的人，家家都拿着大红纸，找先生写春联。英杰缩着小脑袋，在人群中挤来挤去，凑到案桌前，看先生写大字。只见先生挽起袖子，手拿毛笔，站定马步，对着红纸略一端详，然后饱蘸浓墨，由上到下，唰唰唰，一气呵成，一副春联立地写就。求字的人看见，都喝一声彩。先生也颇有些得意，嘴里说着"献丑、献丑"，眼神里却满是骄傲和满足。

英杰看先生写字，虽然不懂字的意思，却觉得这些字真是好看。横竖的线条，写出来就有了具体的意义，贴在大门上，就能招财纳福。先生写字的样子也好看，整个人站住了，胳膊悬空，像开弓射箭的力士，手腕龙飞凤舞，这姿势，多潇洒，多来劲儿啊！

看了好一会，英杰挤出人群，连蹦带跳飞奔回家。进到家来，他跑到正在厨房忙活的母亲身边，大声说了一句："娘，我要学写字，我也要给人家写春联！"

母亲听了这没头没脑的话，笑着说："小六子，你咋了？你要给谁写春联啊？"

"我要给咱家写春联，还要给臭子家写，给俺大爷俺叔家写。"英杰一口气说了好几家。

"你都不会写字，咋写春联？谁敢要你写的字，屎壳郎爬的一样。"母亲笑着说。

"那我要上学，我要去学堂呢！"英杰说完转身就走，跑去找爷爷："爷爷，爷爷，我想上学，我想学写字。"

孩子的恳求，说中了爷爷的心思。老人收起烟袋，踱到英杰父亲身边，开了腔："金榜，我和你说个事。"

"爹，您说，啥事？"李金榜从板凳上站起身。

"过了年，小六子可就八岁了。"

"是的，爹，这一年一年过得快着呢。"

"小六子这娃娃聪明，是个懂事识大体的孩子。"

"爹,也就您稀罕他,您可不知他有多调皮,胆子也大得很,到处闯祸,前天我还想揍他呢。"李金榜有点纳闷,不知爷爷今天为何说起英杰。

爷爷咳嗽一声,干脆开门见山直接说了:"得让六子上学了,你这当爹的就没想过这事?"

"上学?家里哪有钱供他?"

爷爷说:"那就让他天天这样在外面疯跑?这帮孩子里,我看六子最聪明。上了学,知书达理,长大了也有个前程。"

"爹啊,还前程呢,科举都废除好几年了,不是以前,读书中个举人,将来穿官衣戴官帽。"

爷爷有点生气,声音大了很多:"就是不做官,字也是要认的,将来也能写个对子,写封信。像你这样斗大的字认不了一筐,出门两眼一抹黑。"

爷爷接着说:"钱的事总有法子,家里省下一口,也得让他上学去。上省城咱是供不起,家门口的学馆得去上。一辈得比一辈强!"

就这样,春节过后,爷爷拍板,定下了李英杰上学的事情。二月二,龙抬头,各家各户开始整理农具,谋划新一年的农事。八岁的英杰,背上母亲缝制的布书包,新刮了头发,穿上一身补丁最少的衣服,走进了村中的文庙,开始正式接受教育。

进了学馆,虽然只有两个先生,十几个同学,小英杰还是感到异常的兴奋。教国文的先生四十多岁,白净脸膛儿,个子不高,说话轻声细语,显得很儒雅。开学后,先生照例先讲了些圣人之道、尊师懂礼的道理,很快就开始教识字写字。英杰是新来的学生,没有什么基础,但学习很是努力,接受知识的速度也很快。

除了每日背诵《三字经》《千字文》这些启蒙的课文,先生根据学生掌握的程度,安排学字、习字,要求学生一笔一画写得工整,并讲解这些汉字的意义。对小英杰来说,写字是他非常喜爱的课程,四四方方的方块字,在他眼里既神秘,又有趣。描红课上,他总是认认真真地规范书写,力求每一笔、每一画都严

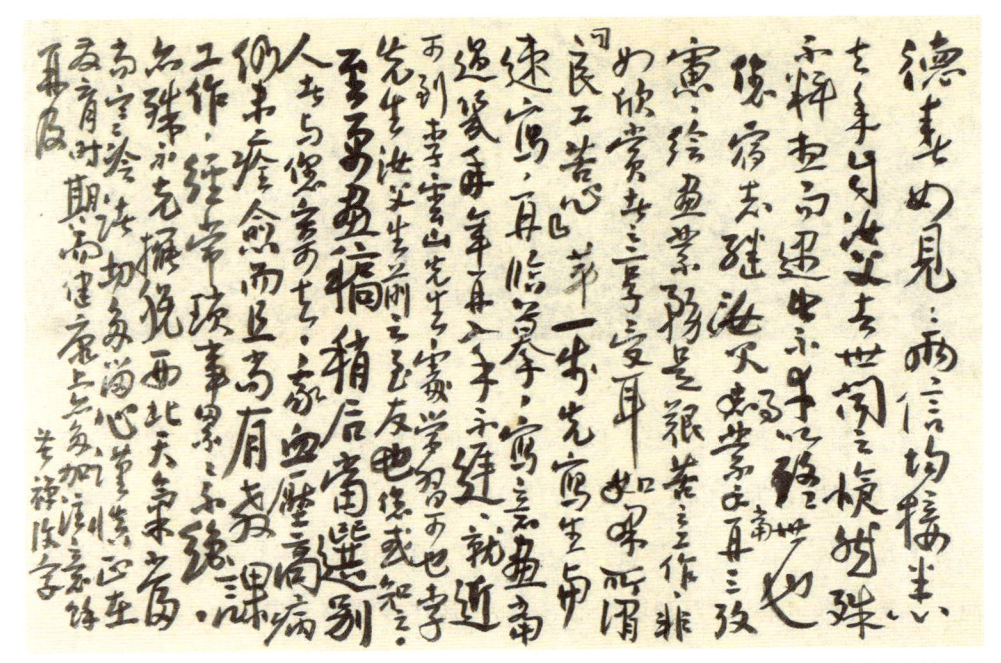

李苦禅书法作品

谨规范。刚一接触，英杰就深深喜爱上了书法，这种喜爱，随着年龄增长，技艺精进，渐渐发展成热爱、痴爱。在他一生的艺术创作和艺术活动中，书法占据了重要而独特的位置。

　　成名后，他的书法与画互为表里，相得益彰。李苦禅非常推崇书法在国画艺术中的地位和作用，并且不止一次发表过关于中国书法的艺术理论。对于书法和国画，尤其是书法与写意画之间的关系，李苦禅有着独到和高明的理解。他推崇"书至画为高度，画至书为极则"。

　　李苦禅认为，中国写意画是"写"出来的，西洋画是画出来的，在这方面，中国比西方高出一筹。这种区别，表现在融"结果美"与"手段美"于一体，融"空间艺术"与"时间艺术"于一体的变革。讲究"空间美"的书法与绘画相结合恰是这一变革的契机与关键。李苦禅说："不懂书法艺术，不练书法，就不懂大写意和写意美学。"因而，李苦禅在中国书法艺术之"画家字"方面独树一帜。

　　李苦禅的绘画之所以达到如此高度，就是因他以书入画，凭借几十年的碑

李苦禅收藏的各类金石拓本

学功夫,书写浑厚拙朴的线条,以及笔墨浓重的集合块面。他青年时代,就喜爱清代书法家沈曾植的书法,后又临习高凤翰、八大山人与明代黄道周、王铎、傅山等诸家书法。记录中、朝、日关系史的《好大王碑》在他手里不知临了多少遍,他一生都在练习书法,直到逝世前6小时,他还在临写颜真卿的《画赞帖》。他喜欢颠张旭、狂怀素,在方折中增加圆转。他欣赏龙门石刻,泛览历代名碑法帖,并提倡"金石之美"。

"金石学"是国学研究范畴的一个组成部分,为书画家提供了可贵的新元素,文人写意画由此而为之一变,出现了一些具有"金石魂魄"的新书画家,如邓石如、赵之谦、吴昌硕、齐白石等。齐白石曾三次提出,要李苦禅学习篆刻,但都被李苦禅婉言回绝了。事后,李苦禅说:"以铁笔篆刻融金石之美入画,吴、齐两位已达高峰,再走这个路子,是绝不会超过两位老前辈的,其实齐师也是在鼓励弟子勿学其手,而要师其心。"

师其心,就可以从更广阔的路子来体会金石美。李苦禅广集各种金石拓本,并将金石美融入自己的创作中。他生前无论在何地,凡有古人镌刻处,必仔细瞻其书法特质,从中汲取了丰厚的"金石美元素",化为自身艺术的灵魂。由于持之以恒地"读"与"摹写"金石拓本,使他的笔墨中产生出独有的金石韵味。

梅花香自苦寒来,一生未停的修炼,终于结出累累硕果。他的笔路先是从"南派",然后从"南派"到"北派",将南派的神韵渗透入北派雄强的筋骨,最后驻足"北派",形成了朴雅、浑厚、风神、婉转的行草艺术。可以说,对"金石元素"的吸纳是李苦禅艺术渗透古法、继承传统的蹊径,我们可以从他的实践中体会出中华民族艺术浑然一体的充盈与丰沛。爱其画之人,未有不爱其字的。

时光飞快,英杰该升高小了。由于家贫,升高小家里也是颇为犹豫和犯难。看到英杰学习认真,学得又好又快。先生也两次家访,希望英杰能继续学业。英杰的父母咬咬牙,听从了先生的意见,做出了让儿子读高小的决定。

紧张的复习、考试过后,英杰红榜有名,以第二名的成绩升入高小,被县城最高学府——高唐县高级小学录取。在那个年代,农家子弟能读到高小,已经是很不简单的事情了。一时间,李英杰成了轰动全村的"风云人物"。李家爷爷也颇为自得,觉得是一件很荣耀的事情,逢人就夸这个给他争光的小孙子。

此时的清政府,已经进入了风雨飘摇、摇摇欲坠的统治末期。随着西方列强对中国的侵略和蚕食,新的思想、新的教育理念也随之进入中国传统社会。西风东渐,成为那时明显的时代特征。1895年,康有为、梁启超等在北京组织"强学会",公开批评时政,宣传介绍西方社会政治学说和近代科学知识,鼓励人们学习西方,以"学以致用"的原则来培养人才,最终达到民族自强的目的。人心思变,新的思潮,新的观点,传播越来越快,越来越远。

当时的大城市,已经普遍开设了新学堂,系统学习西方现代知识,甚至出现了专门招收女学生的女校。在这种背景下,小英杰所在的高小,也开始采用新的教材,不再遵循以往那种只学"圣贤书"的科举模式,增设了算术、美术等课程。

此时的英杰,对绘画的喜爱愈加强烈。入高小读书前,英杰闲来无事,独自跑到村中古庙去玩。这是他儿时最喜爱的地方。恰巧,这年村中集资修缮古庙,庙门前围着十几个修庙的工匠,拿着各式工具,准备开工。李英杰悄悄溜进了庙内,上得大殿,看见黑乎乎的殿内有一位老者,正在给一文一武两位增福财神描金绘彩。大殿内静悄悄的,只有老人背后的墙上插着几个火把,熊熊燃烧

百年巨匠
Century Masters

李苦禅作品《迎朝晖》

着的火把照亮了塑像。老人全神贯注地给塑像描金，根本没有注意到身后的李英杰。

一旁默默观看的英杰，很快被老人精湛的技艺惊呆了。老艺人站在脚手架上，身体前倾，手里的画笔顺着塑像的身体，毫不迟滞，一笔到底，笔尖勾勒处，不差分毫。五颜六色的色彩，渐渐让蒙尘灰暗的塑像重新焕发出光彩。于是，在入学前的假期，李英杰时常跑来看热闹。他很有心计，画壁画的几十道复杂工序都被他一一看在眼里。抹墙、拍粉本、罩漆、退晕、勾线、着色……他都喜欢。他佩服艺人们那悬肘作画的真功夫，佩服他们不打草稿下笔有神的把握。

老画工见英杰天天来，认真看，惊奇之余，也感到很高兴。工闲之余，慢慢给这个少年讲授一些绘画的技法和规则。到最后，老人甚至在庙院里新刷了一处大白泥墙，专为教英杰画画用。在民间艺人的指导下，年少的李英杰第一次正式接触到了绘画艺术的原理。许多年后，他还记得这段儿时的经历，深为佩服中国传统工艺美术的魅力。

进了高唐高级小学后，李英杰仍然保持着刻苦认真的学习态度，各门功课都学得十分优良。正是在这里，他认识了人生中第一位专业绘画老师——美术老师傅锡三先生。傅先生非常喜爱李英杰，评价他美术天赋高，接受速度快。先生教他格外用心，一开始就要求他要注重观察，从最熟悉的场景和图案入手，创作时要投入真情实感。

遵照老师的要求，英杰发现了马颊河上一种常见的鸟类——鱼鹰。鱼鹰也叫鸬鹚，通体漆黑，是当地渔民打鱼时驯养的工具。鱼鹰水性极好，下水前脖子上被套上绳索，抓到鱼后，就用嘴巴夹到渔船上，交给主人。在水中，鱼鹰的姿势迅猛，出水时会拍打翅膀，扬起大片的水花。这种生动有趣的场景，吸引了英杰，也启发了他绘画的灵感，帮助他确定了创造的题材。

细细观察，慢慢揣摩，一点一点地描绘，英杰第一次开始了对"大黑鸟"的艺术探索。众所周知，日后的李苦禅爱画鹰，擅画鹰，与其最初的这段经历密不

李苦禅作品《鸬鹚》

可分。他晚年曾经回忆说："当时我最爱大黑鸟，如苍鹭、鹫、雄鹰、鸬鹚、黑鸡、寒鸦……因为它们有气势，有力量。"他还说，绘画前要观察对象许久才动笔去画，这样画出的东西才是活的，生动的，而不是博物图上的。古人观察得很细啊！你看八大山人画的蝉，竟画人家从来不画的正面蝉（头朝观众的），只几点就成了。正如好玉温润晶莹，如同人有感情一般。有的画，笔墨、造型虽有功力，却没有一点感情。有人画什么都不错，就是看上去没感情、没生机。我们去写生可不能带着数理化的头脑、法律学的头脑去画。

需要指出的是，将鱼鹰特写移入中国写意画乃李苦禅首创。如今能从报刊上见到的李氏早期写意鱼鹰，是其1927年和1928年之作。在《展翼鸬鹚——鱼鹰》这幅作品里，李苦禅解释了他对鱼鹰题材偏爱的原因：少年时代曾于家乡河中多见渔民养之，遂写生入画，并将美处夸张，不美的双足则以鸭足改之。此幅系其为人讲述鱼鹰时所作，至晚年方从友人处复见之，并题字于上："此少年所作，见之如梦境。尚存人间，幸哉！八六叟苦禅题。"

他1980年曾经创作过作品《渔乐图》，丈二巨幅，是其一生所绘鱼鹰题材之最大者。九只鱼鹰或栖或游，姿态各异。画面以近景石岸和远景水口"夹出"一道开阔水域，少许水草、芦苇与点点浮萍益现泽畔生机。鱼鹰动态多变的反差可使观众自然产生"良性错觉"的动感，非有娴熟的速写功底和少年时代观察鱼鹰生态的体验，是画不出这样的作品的。

第三节
聊城上学

在校期间,傅先生悉心教导、倾囊相授,加上自己的细致观察、刻苦学习,英杰的画艺进步神速,在第二年的校际书画展中,他的作品被学校选中,在全县范围内展出,得到人们的交口称赞。

1915年,英杰16岁,以优异的成绩从高唐县高级小学顺利毕业。此时的英杰,已经长成男子汉的模样,少年得志、意气风发。他面临着何去何从的抉择,是从此辍学,回家务农,帮助家里的生活?还是继续求学,向着更高的知识王国和艺术殿堂进发?选择权仍然不在他自己手里。

继续上中学,意味着已经苦苦支撑多年的家庭要承受更大的负担;回家务农,虽然已经掌握了一定的知识,可以

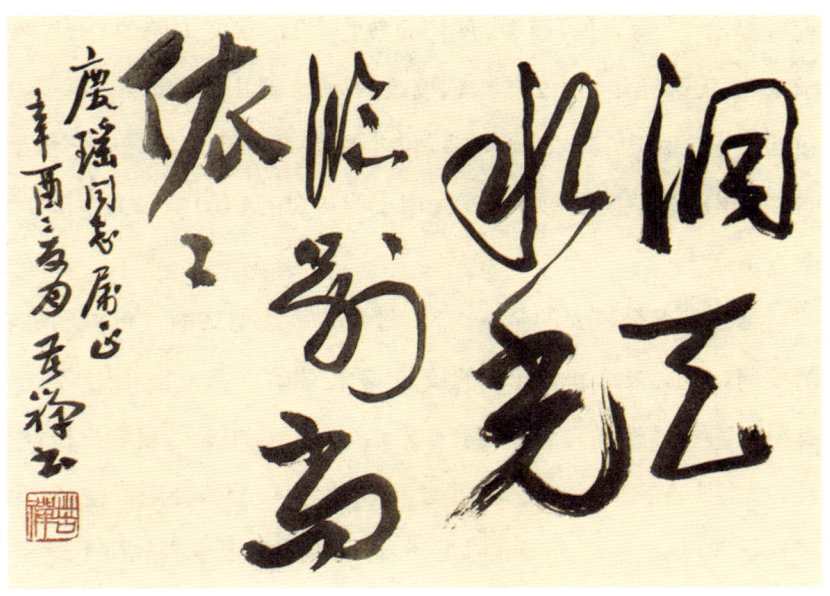

李苦禅书法作品

胜任一般的书写、算账,但从此也就只能面朝黄土背朝天,再不能继续追求他的艺术理想。梦想与现实,是如此的格格不入。

幸运的是,英杰的父母这一次依然选择了坚持与牺牲。虽然家里生活困难,没有余钱,地里也急需帮手,但李金榜还是决定让儿子上中学。看到英杰确实是块学习的材料,父亲想让儿子走得更远,去更高的平台施展拳脚。虽然他自己没有什么文化,也很少走出祖辈生活的小村庄,但对文化朴素的崇敬,和对下一辈前途的希冀,使父亲最终做出了这个艰难的决定。

问题是,去哪里找钱?家里实在凑不够上中学的学费,甚至连路费盘缠都困难。整个村庄和家族都伸出了援手,人们看好这个优秀的少年,也希望自己的村庄能够出来一个像样的人才。就这样,一家一家凑点学费,当年的秋天,李英杰因学习成绩优异,被山东省立二中保送录取,这所学校,即著名的原聊城"启文书院"。

山东省立二中,其前身为清乾隆三十五年(1770年)建立的启文书院,书院曾聚集了众多名人讲学。清光绪二十八年(1902年),清政府颁布《钦定学堂章程》，提出"中学为体、西学为用"的教育宗旨，启文书院改办为"东昌府官立中学堂"。民国元年（1912年），该校改名为"东昌中学"，次年又更名"山东省聊城第四中学"。民国三年（1914年），校名改为"山东省立第二中学"。至民国十二年（1923年），二中仅设初中部。民国十四年（1925年）增设高中部。翌年，高中部并入济南。

英杰带着全村人的希冀，带着母亲亲手给他烙的一包裹煎饼，迈入了二中的校门。他从未见过如此大的校园，学校建筑古色古香，同学不光有本省的，还有附近河南、河北的，总计约有200名学生。二中为寄宿制学校，学生吃住都在校内。英杰在报到处点名，交了5元"学习保证金"，分配了宿舍。为了鼓励学生坚持学业，这笔保证金毕业时退还本人，但中途退学者一律不退。

英杰入学的这年，正赶上二中大刀阔斧改革的一年。山东长清县人王祝晨，受山东省教育厅委派，担任二中校长。王校长事业心强、思维超前，富有实干意识。他到任后，看到了省立二中校址狭小、设备陈旧简陋、管理松懈、课程开设不全等弊病，决心革除陈弊，改变学校面貌，大胆创业。

著名教育家王祝晨

王祝晨亲自赴济南，请求山东省教育厅帮助，拨发校改经费。他和校委会决定，购置民房扩建校舍，建筑楼房，改变校貌。他增设新学课程，并且非常重视体育、美术等综合素质教育。校长以身作则，亲自兼代体育课，投资开辟了体育运动场，并请在聊城传教的美国牧师来校指导。在他的带领下，省立二中当年之内就能派遣学生去济南参加全省运动会，并且成绩较佳，后又代表山东省参加了在天津举办的华北运动会。

遇见这样一位校长，身在这样的学校学习，英杰是幸运的。很快，学校的美术老师孙占群就注意到了这名来自高唐的学生。有一天，孙老师专门叫人把英杰叫到办公室，与他进行了一番长谈。

"李英杰，家里人有懂绘画或者做画师的吗？"老师让英杰坐下，不要拘束，询问他家里的情况。

"没有。孙老师。我家里没人会画画。"李英杰向老师行完礼，恭敬地坐在老师对面。

"我看了你课堂的习作，画得很好！不像没有基础的样子。"孙老师说道。

李英杰赶紧站起来，对老师说："老师您过奖了。我画得不好，希望您多多批评指正。"

"家里没人教你，那你是跟着谁学的绘画？"老师让他坐下说话。

"我跟着小学的美术先生学过一年多，学了些结构、笔法，还有些是自己琢磨的。"李英杰见孙老师问他，就前前后后把自己喜爱绘画、学习绘画的这几年经历讲了一遍。

听完之后，孙占群不禁又细

李苦禅作品《君自横行侬自淡》

细打量一番眼前这位学生：虽然穿着粗布衣，脚蹬一双旧布鞋，但眉眼间透着一股灵气，说话很有条理，对老师毕恭毕敬。他讲述学画的经历，表明这是一位真正喜爱艺术、真正想在美术上有所成就的好苗子。

"看得出来，李英杰同学，你是真正喜欢绘画的。那你想当职业画家吗？"老师问道。

"老师，职业画家是一种职业吗？"李英杰还是第一次听到这种说法。

"是，也不全是。职业画家确实是以画画为职业，但在艺术上，更表明了一种态度，需要一生都要坚持学习新知识，一生都要精进绘画技艺，如此才是职业画家。"老师解释道。

"一生都要学习、画画？老师，我愿意！"英杰高兴而果断地回答。

有谁能知道，就是他这样一句话，果真坚持了一生，直到生命的尽头。他画了一生，学了一生，研究了一生，为世界创造美奋斗了一生。

师生谈话后，美术老师孙占群对英杰另眼相看，时常在课上课下关照他的美术学习，办公室里开个小灶也是常有的事情。校内的学生，大多以国文、算术为重，以为日后的职业铺垫。喜爱美术，又有天赋的学生本就不多。老师告诫英杰，绘画不是空穴来风，不能想当然只凭主观意志虚构，美术创作，必须建立在写生的基础上，须要先客观，再主观。

英杰听从老师的教导，利用课余时间积极写生观察。他最常去的地方有两处，一处是校内的小湖边，那里安静，景色宜人，有众多的花鸟写生素材；另一处就是状元街上的光狱楼。此处背靠大运河，康熙、乾隆皇帝下江南时多次来过，光狱楼上的匾额就是康熙和乾隆皇帝写的。与岳阳楼、黄鹤楼、滕王阁齐名。

日后，当他也成为美术老师后，也曾这样教育自己的学生：年轻时还是以造型复杂又爱动的画材为重点比较好，因为年轻时容易把握住复杂多变的形体，可常画人物、动物。至于花卉，相对简单一些，重在体会其韵味为要，到中年、老年时体会着去画也不迟。

李苦禅经常去光狱楼写生观察

在谈到速写写生对于国画创作的重要性时,他讲道:"为了留住速写感受,我往往在速写回来之后立即进行笔墨练习,在宣纸上反复琢磨,久而久之,就能用笔墨深入地表现自己的速写体会。年轻时体会不了写意笔墨,先画速写去好了!速写画多了,慢慢试着在宣纸上用笔墨技法整理出来,为以后的创作打下根底。"

在二中求学时,李英杰表现出对花鸟题材的偏爱。他此时的习作很多都为花鸟。在李苦禅的艺术生涯中,这一阶段可称为第一阶段"高唐时期风格"。从现在发现的其最早的(18岁)作品《四条屏》(猫泉图、雄鸡图、松鹤图,缺一条)来看,已初步掌握了传统写意花鸟画的基本技法,并吸收了民间画工的技巧成分。

花鸟画是我国传统的三大画科之一,专指用笔墨和宣纸,以花鸟虫鱼、禽兽等动植物为描绘对象的一种绘画。李苦禅笔下的花鸟画有一定的写实成分,但又不只是单纯对自然物象的描摹,而是通过自己高度凝练后的再创作。在看

李苦禅作品《松鹰图》

似随性的画中透出朴拙，在含蓄中又透出阳刚。李苦禅的线条如行云流水一般，笔法意趣盎然，笔墨磅礴豪放，其驾驭笔墨的能力和写意技巧令人拍手称赞。在李苦禅晚年时期，他的作品愈加返璞归真、苍劲有力，甚至达到了"笔简意繁"的境界。

第四节

得遇名师

在山东聊城省立二中求学期间，除了得到美术老师孙占群的悉心教导，李英杰还遇到了他人生中另一位重要的恩师，就是他的武术启蒙老师屠月三先生。说起武术，在李英杰的人生中占据有重要位置。除了绘画，苦禅先生一生最爱的两项爱好，一是戏剧，二是武术。他一生习武不辍，与同时代许多武术名家有过交集和切磋。武术不仅强健其筋骨，更坚韧其精神，支撑他度过了生命中一个又一个的坎坷波折。

屠月三先生当时在省立二中担任教员，是一名很有名气的武术大家，擅长内家拳，技艺精湛，武德高尚。开学后不久，有一天，他照例去校内的湖边练武，恰巧被在湖边写生

少年时期的李苦禅

的英杰遇见。

当时虽已是初冬，屠月三先生一身短打，脚下一双"踢死牛"，正在湖边演练一套长拳。只见他步法灵活，身法沉稳，眼神犀利，将长拳的大开大合展现得淋漓尽致。左突右击之间，地上的尘土扬起一条直线，发力之际，一声低吼，树上的树叶都跟着颤动。英杰家乡高唐，自古就是尚武之地，水泊梁山的传说也是自幼熟稔。很小的时候，英杰就跟着村中的叔伯哥哥学过一点马步、架子，粗通一点武术基础。

看到这位打拳的师傅一身腱子肉，武艺高强，英杰不禁喝了一声彩。

屠老师听见喝彩，缓缓收势，调匀呼吸，走过来对着英杰说："这位同学，你叫什么名字？"

"俺是高唐的李英杰，是今年入校的学生。"英杰肃立鞠躬，对着老师行礼。

"今年的新生啊，怪不得看着眼生。你喜欢看打拳？"先生问道。

英杰赶忙回答："喜欢看，俺觉得老师您拳打得好！"

"怎么好？你说说。"屠先生笑着说。

"看您的步子就知道，快慢有致，丝毫不乱，打完拳连大气都不出，是个练家子。"英杰倒也不怯场，大胆评论。

"哈哈，过奖了。不过你倒是能看出点门道。"屠月三先生接着说："你之前学过武术吗？"

"没有正经学过，上高小的时候跟着村中的兄长学过点。"英杰毕恭毕敬地回答。

几句交谈过后，屠月三让李英杰做了几个武术动作，看完后，有点喜欢这位来自武术之乡的学生。此时的英杰身架已基本长成，虽然略显单薄，但身体高大而灵活，动作迅速机敏。英杰也不失时机，提出要跟着先生练武。

见李英杰是个练武的可教之才，屠月三欣然应允，教导英杰说："习武可是个苦差事，贵在坚持，要有毅力，有恒心。俗话说'冰冻三尺，非一日之寒'。你虽然年龄大了点，但从现在好好学武，日后说不定也能取得一些成绩。"

英杰见老师痛快答应，高兴得几乎跳起来，他连声说："老师，我一定坚持，跟着您好好练。"

屠月三又叮嘱道："从今往后，除非刮风下雨或者考试期间，你日日清晨都要来湖边随我练习，我教授你一些武艺。你要记住两条：初学之日，要曲不离口，拳不离手；再者，也是最主要的，那就是要坚守武德。学成之日，切不可倚强凌弱，仗势欺人，为非作歹。而是防身健骨，一旦需要，为民效劳，为国效力。"

就这样，在二中的学习期间，李英杰果真坚持下来，跟着屠月三先生系统学习了六合拳、少林拳，后来又学会了双刀、齐眉棍和七节鞭等器械，武艺日益精进。在二中的最后一年，李英杰还结识了沧州武术名家王子平，又随他学习了罗汉拳和摔跤。学武的经历，造就了李苦禅日后豪爽、外向和坚强的性格，崇尚武德修养，也使得他一辈子刚正不阿，追求正义。

曲不离口，拳不离手。李苦禅真正做到了这一点。即使在晚年时光，他仍然坚持练武。画画时间长了，长久保持一个姿势，难免身体疲乏。李苦禅就会搁下画笔，只需一块卧牛之地，打上一套拳，活动身骨，昂扬精神，回去又继续绘画。

李苦禅的武艺高强，已经远远超出一般爱好者的水平。张长念在《惊鸿何来：李苦禅武术修为探迹》一文中，引用了何芳桂先生

李苦禅晚年习武

李苦禅作品《双鸡图》

的一段描述——"自1961年至苦老去世,我追随他老人家二十多年。我不仅观赏他的画艺,更跟他学武功、学做人。先生武学修养极高,对长拳的身法、桩法都有独到的见解……苦禅先生武艺高强,注重实战应用。比如他讲一个招法,当对方一个黑虎掏心向我打来,力量很大,我退步,侧身接招,同时顺手领腕前拉,制服对方。四两可破千斤,就是这个道理。先生示范,动作迅速,步法沉稳。后来多年交往,每次都向苦禅老师请教拳理拳法。聆听他'论武'并得示范,使我受益匪浅。他是我'武学'上的导师。"

还有一件事,也能印证李苦禅艺高人胆大。他后来去了北京,由于无钱生活,只好靠拉洋车半工半读。他拉车专挑别人不敢拉的路走。一来这些地方可以多得些车钱,二来不会和别人抢了生意。当时走得最多的就是去西山的夜路。为了防身,抵御盗贼,他拉车的时候腰藏七节钢鞭,有一次,李英杰拉着洋车走在偏僻的街道,果真路遇几个劫匪。李英杰毫不含糊,拳打脚踢与为首的劫匪交上手。英杰挡不住人多,一旋身将钢鞭从腰间抽出,左右出击,上挥下甩,噼里啪啦之声夹杂着嗷嗷作痛之声,四处作响。正在这时,一人趁李英杰不备,一猫身扑过来,身后使一个锁喉术。英杰脖颈被锁,呼吸困难,左右挣扎不得开脱,只得兵行险招,一使劲叉开双腿,钢鞭从身前过裆下挥出,鞭首箭头划出一条惊人的弧线,打在歹徒天灵盖上,将其击晕。这一招十分凶险,少一分力打不晕敌人,多一分力就不好掌控距离,很容易打到自己。真可谓练兵千日,用兵一时。

李苦禅在杭州艺专教书时,常在西湖边观赏鸬鹚和荷花。有人慌慌张张往他这里跑,他急忙问:"怎么啦?"人们告诉他,有个野和尚拦路要买路钱。李苦禅最见不得这等恃强凌弱之事,马上放下画笔,跑过去要收拾那个野和尚。只见野和尚袒胸露肚在敲木鱼,身边摆着两块大石头,见有人路过,举起石头,大声喊道:"留下买路钱!"李苦禅走过去,先伸手:"留下买路钱!"野和尚出手了,李苦禅三下五除二,将他制服。教训了一通野和尚,李苦禅便扬长而去。野和尚追了上来，要拜他为师。此后，这个野和尚不再在湖边作恶，还与李苦禅常有交往。

除却防身健体，李苦禅还将武学的道理用在绘画上。他在讲"屋漏痕"笔法的时候说："既要有顺劲，又要有一种向外膨胀的横劲。"这乃是武术里很高深的见解，是中国功夫"用劲儿"的关键。赏析苦禅先生的书法，也时时可以发现开合进退的妙处，像极了一位武术高手的腾挪闪转。

英杰每日苦练武艺的同时，绘画技艺也未曾耽搁，只是生活过得异常艰苦。正是长身体的阶段，英杰却吃得很是简单。学校的食堂需要菜金，英杰是很少去吃的。大多就是一碗开水，配着咸菜，吃从家中带来的煎饼。湖边读书的时候，常常是带去两个生红薯，用湖水洗洗，几口就吃下肚去。

当时的二中，有一些富贵之家的子弟，他们衣食丰足，不缺钱花，组成一个小团体，天天不是你请客喝酒，就是我做东吃饭，穿的也是衣着光鲜。这些子弟，仗着自己有钱，经常嘲讽贫困的同学。班上的李英杰勤奋刻苦，各门功课成绩良好，国文和国画成绩更为出众。他们妒忌他的才能，笑话他衣衫破烂难看，土里土气，说他没有学生样，败坏校风，并时常拿此取笑英杰。

英杰虽然气恼，但仍强忍怒火，想起恩师时常教诲"习武之人，以德为先。且士志于道，而耻恶衣恶食者，未足与议也。故止谤莫若修身"。他压住心中怒气，作诗明志，回敬那些羞辱他的富家子弟，一首为"纨绔子弟富而骄，华服章身自觉荣。俯视一切呈狂妄，金玉其外腹中空。"另一首为"丈夫自有凌云志，不与俗子较短长。仕子任重而道远，无暇羡人文绣裳。"当时的国文老师陈月霖得知此诗后，赞叹道："此仁厚者！志气不群，前途无量，此子不仅美术见长也。"

人穷志不短。二中求学的李苦禅用自己的行动反击了纨绔子弟的挑衅，抒发了自己的志向。人处逆境，只要精神不死，意志坚决，总会有凤凰涅槃，浴火重生的那一天。

1917年暑假前，正在紧张备考的李英杰收到家信，要求他考试完后速归。

李苦禅作品《晴雪图》

　　李英杰此时也不知家中发生了什么，考试刚一结束，他就简单收拾了一下，迅速返回高唐李奇村。到了家后，才知道，家中给他说了一门亲事。

　　原来，早在英杰保送二中之后，就有人来李家给李英杰提亲。当时的农村，男子十五、六岁就开始考虑成家立业。虽然李家家贫，但英杰上了中学，在附近乡间又素有才名，许多人家都盯上了他。附近肖庄的一户人家，托了李家的一位亲戚，想把自己家的女儿嫁给英杰。英杰的父母了解后，觉得各方面都比较合适。他们知道英杰思想新潮，又在外地读书，对这事可能不会同意，就私下瞒了消息。做父母的，都希望儿女能稳稳当当，早一日娶妻生子，也就早一日有了依托和根基。

　　英杰了解了来龙去脉之后，当时可是气得够呛。这么多年，他一直在求学，压根就没考虑过娶媳妇这件事。虽说人已成年，但他志向远大，有些话即使没给爹妈明说过，但家里也应该知道他不想窝在李奇村当一辈子农民。如今双方家里都说定了，唯独瞒着自己，正是骑虎难下。自己该怎么办呢？

　　当娘的看出英杰对这事不乐意，安慰他说："你如今也18岁了，到了成家立业的年纪。再说，肖家的那个闺女长得俊俏，家务农活样样拿得出手，说话也通情达理，屈不了你。"

"娘，我不想这么早成家，我还没毕业呢！"英杰心里一百个不乐意。

"你成了亲，你媳妇娘给你照顾着，你该上学上学，该念书念书，不耽误你。"母亲想打消英杰的顾虑。

虽然心里不高兴，但父母之命、媒妁之言，英杰是个孝顺的孩子，看见木已成舟，此事也无逆转的可能，只好遵从父母，这年暑假，他与这位大他六岁、从未谋面、毫无了解的肖家姑娘成了亲。都说人逢喜事精神爽，婚后的英杰却闷闷不乐，暑期一结束，他就背起行囊，返校读书去了。

第二章

艰难困苦

JIANNANKUNKU

1923年,李苦禅24岁,在北京拉洋车的生活经历磨砺了他,长时间与社会底层和普通老百姓共同接触,也让他对社会有了更为全面、更为深刻的认识。北京城既有丰厚的民间艺术土壤,也有浓郁的文化知识氛围,这一切都深深滋养了李苦禅对艺术的认识和认知。

第一节

北上艺术殿堂

1918年夏天,李英杰顺利从山东省立二中毕业。此时的他,已经长成一个一米八高的男子汉。由于在校学武,身体也变得异常强健。他告别了亲切的师长同学,告别了雄伟耸立的聊城光狱楼,也告别了学校里日日陪他读书的小湖边,回到了高唐家乡。

家人见英杰学成归来,都十分高兴。十年寒窗苦读,家人聚少离多,如今,昔日的顽皮学童,已成长为英俊健壮的男子汉,虽谈不上光宗耀祖,但李家终于可以喘口气了。到家第二天,父亲和儿子做了一次长谈。很快,李金榜就发现,自己的这个儿子已经变了。李英杰不关心如何在家门口找个差事,也不想侍弄家里的那几亩庄稼地。他大谈时政,力陈时弊，指出国家内忧外患，面临西方帝国主义欺凌，男子汉大丈夫，当挺身而出，为国呐喊，为国出力。父亲自然是不懂什么世界大战，也不知道这些国家大政方针和一个农民有什么关系。谈话不欢而散，没说出什么结果。

毕业前，二中校长对即将毕业的学生讲了一番感慨激昂、意味深长的话语。他分析国际国内形势，指出中国积贫积弱的根源在于民众不觉醒，科学思想没有深入人心，科

青年时期的李苦禅

学技术得不到发扬传播。校长寄希望于二中学生，鼓励他们继续学习，脚踏实地实干救国："诸君，我还是那句老话，我们学校造就的学生，必须不能忘本，必须要不忘老百姓。要脚踏实地，以实干的精神，做实际的事情。毕业后，如果四体不勤，整日游手好闲，那在本校的学习又有何用？学校希望你们，毕业后能继续学业，习得更高的知识。现如今，京沪等大城市，皆有出国留洋之风。家里条件好的固然可去，条件不好的也并不是毫无希望。可以勤工俭学嘛，一边工作，一边学习，自食其力，谋求更大之发展，此也为教育之本意。"

校长的话，李英杰听了很受鼓舞，自认找到了一个更高更远的目标。英杰有自己的打算。从幼时受民间艺人影响，产生对美术的喜爱，到文庙学馆跟着傅锡三先生开蒙，开始花鸟写生，再到二中师从孙占群先生，接受系统美术理论教育。一步一步走来，艺术女神的神奇诱惑，已经在内心里扎下了根。此时的他想要走出去，走得更远，他要去北京，要去那个文人荟萃、画家云集的文化之都，要寻访名师高人，继续他对艺术的无尽探索。

整个夏天，李英杰都在刻苦练习，他拜访了先后教过自己的几位老师，征询他们的意见。老师们都很支持他，给了他很多鼓励。高唐虽然自古就是书画

北京大学

之乡，但毕竟不是国内的文化中心。要想在艺术上更上层楼，必须要走出去。

主意打定，到了10月，不顾家人的极力反对，李英杰整理了自己这几年的一些习作和作品，身上只带了四块大洋，义无反顾踏上赴京之路。

到了北京，李英杰一路打听，直奔北京大学而去。他希望能有机会在北大学习，即使不能做正式学生，旁听也可以。1917年，蔡元培先生出任北京大学校长后，他的"循思想自由原则，取兼容并包主义"的建校原则，传遍天下，多少读书人对北大渴慕不已。

北京大学初名京师大学堂，创立于1898年，是中国第一所公立大学，也是中国近代正式设立的第一所大学，其成立标志着中国近代高等教育的开端。自建校始，北大既继承了中国古代最高学府之正统，又开创了中国近代高等教育之先河，可谓"上承太学正统，下立大学祖庭"。

1910年当北大还叫京师大学堂时，便已经创立分科大学，开办经科、文科、法政科、商科、格致科（理科）、工科、农科共七科，设十三学门，教授经科的诗经、周礼、春秋左传，文科的中国文学、中国史学，法政科的政治、法律，商科的银行保险，格致科的地质、化学，工科的土木、矿冶，农科的农学。李英杰来到北京的1918年，北大更是名师荟萃，胡适、李大钊、鲁迅、刘半农、梁漱溟、李四光、马寅初、陶孟和、陈启修、王世杰等都是蔡元培校长新聘的名家。

除了不拘一格大力聘请有真才实学的新式知识分子来北大任教，为了使更多国内的学子有学习西方先进知识的机会，蔡元培还大力推进留法勤工俭学运动，帮助那些家境一般甚至贫苦家庭的学生能够接受更好的教育。

1912年，吴稚晖、李石曾、汪精卫、张继等成立留法俭学会，宗旨是节俭费用，以推广留学之方法，以劳动朴素，养成勤洁之性质。1915年6月，法国巴黎豆腐公司的高阳籍工人，提出"勤于工作，俭以求学"的口号。受此影响，留学法国的蔡元培等组织勤工俭学会，以"勤于工作，俭以求学，以进劳动者之智识"为宗旨，希冀改造国民教育事业。

为使留法青年出国前接受必要的技能培训，1917年夏，经当时国民政府教育部批准，李石曾、段宗林在高阳县布里村创办了中国第一所留法勤工俭学预备学校，即"布

留法俭学会的发起人之一吴稚晖

里留法勤工俭学工艺学校"，主要教授法语、国文并进行工艺实践。当年9月，毛泽东、蔡和森等人专程到保定迎接前来报到的三十多名湖南籍学生，蔡和森担任"南方班"班主任兼国文教员。从俭学会成立到勤工俭学发动初期，主要宗旨在"输入西方文明"，其内容主要还是法兰西的民主自由思想和自然科学技术。

李苦禅作品《洞明春晓》

　　李英杰到了北京,就赶上了这次好机会,他也加入了留法勤工俭学运动,考取了免费的北大附设的"留法勤工俭学会",半日在北大旁听,半日就去一家铁厂做工。这种既学习知识,也接触民生和社会的生活,对李英杰帮助极大,开阔了眼界,了解了社会,见识了形形色色的各种人。也正是在勤工俭学的过程中,李英杰与日后改变中国历史的毛泽东有过一面之缘。在他陷入人生低谷的时候,李英杰还曾经给当时的毛主席写过求援信,这是后话。

第二节
学艺徐悲鸿

在"留法勤工俭学会"半工半读的学习过程中,还发生了一件深刻影响了李英杰艺术生命的大事。他第一次遇到了徐悲鸿,并且得到了徐悲鸿的亲自指导。

初到北京的李英杰听说北大有人教画画,他就向路人打听,一路找到了北大红楼。到了地方,碰着一位身着长衫的清瘦年轻人。此人年龄比自己大不了几岁,略带南方口音,面容清瘦,中分头,衣衫上有零星的颜料。李英杰壮着胆子问道:"先生,听说这里有一位教画画的老师,请问去哪里找他?"那人看了他几眼,微笑着问:"你也是来学画画的吗?"

"是的,我是山东高唐的学生,我叫李英杰,目前在留法

李苦禅(左)与徐悲鸿(右)

勤工俭学会半工半读学习。"李英杰恭恭敬敬地回答。

"我叫徐悲鸿,是北大画法研究会的负责人,如果有兴趣,你可以来学画。"

"多谢徐先生,我有兴趣,希望以后先生能不吝赐教。"李英杰高兴地说。

"不要客气,你随我去画室看看吧。"徐悲鸿邀请李英杰去画室参观。

李英杰跟他一同走进一间满是"怪味"的屋子。后来他才知道,这里的"怪味"来自松节油,是作为油画颜料的调色油,屋子里还有木头框子和画布,都是油画工具。第一次看见这些画具,李英杰十分兴奋。当他看到画室里挂着、摆着的十几幅美术作品时,感觉到非常震撼。这些作品和他在学校、琉璃厂和南纸店看到的国画作品不同,均为油画颜料绘就,风格写实,尺幅巨大,感染力强。

李英杰指着一张人与狮子搏斗的画问道:"这张画也是徐先生画的吗?实在是太精彩了。"

徐悲鸿回答道："此画叫《西人搏狮图》，是我刚刚完成的一张作品。"

"先生的作品真是震撼人心，学生还是第一次见到。"李英杰由衷表示赞叹。

"你以后可以每日来此学习，先从基础开始，这张西人搏狮图可以供你临摹。"徐悲鸿笑眯眯地说。

徐悲鸿，1895年出生在江苏宜兴屺亭桥镇的一个平民家庭。原名寿康，年长后改名为"悲鸿"。其父徐达章是一位私塾先生，能诗文，善书法，自习绘画，常在附近民间为乡人作画，谋取润笔补贴家用。徐悲鸿9岁起从父习画，每日临摹一幅晚清名家吴友如的画作，并且学习调色、设色等绘画技能。10岁时，已能帮父亲在画面的次要部分填彩敷色，还能为乡里人写"时和世泰，人寿年丰"等春联。小小年纪，已然展现出卓然的艺术天赋。

17岁时，徐悲鸿独自到当时商业最发达的上海卖画谋生，并想借机学习西方绘画，但数月后却因父亲病重而不得不返回老家。20岁时，徐悲鸿再度来到上海，在友人的扶助下，他考入法国天主教会主办的震旦大学，结识了维新派领袖康有为，在其影响下确立了自己的创作思路。在康氏"鄙薄四王，推崇宋法"的艺术观念影响下，他对只重笔墨不求新意的"四王"加以贬薄，认为只有唐代吴道子、阎立本、李思训，五代黄筌，北宋李成、范宽等人的写实绘画才具

徐悲鸿代表作品《愚公移山》

徐悲鸿任职北大期间与学生一起合影

精深之妙。

在康有为的支持下，徐悲鸿获得赴日本东京研究美术的资助。归国后，北大校长蔡元培看中他是个人才，专门为他设立画法研究会，用以研究和发扬西方美术教育。此时的徐悲鸿，正一边在研究会推广西洋美术，一边做去法国留学前的准备。

在当时，徐悲鸿还不出名，但李英杰却觉得这位年轻的老师与众不同，他的作品讲究光线和构图，其"重精微、致广大"的写实手法与写意结合的笔法尤其令李英杰受益匪浅，颇为开阔他的绘画思路。从此，李英杰一有时间，就跑去北大红楼，跟着徐悲鸿学习画画。

徐悲鸿认为，要引进西方优秀的东西改变中国，但他不认为应简单引进西方写实主义，而应引进西方现代主义的精神，西方自由创作的主张。他对李英杰说："古法之佳者守之，垂绝者继之，未足者增之，西方绘画之可采者融之。"

在徐悲鸿的教导下，李英杰接受了炭画（素描）、油画等西方美术的基本训练，对西方美术的理论、审美有了初步认识，并直接影响了他在1922年考取国立北京艺专（后发展为中央美术学院）西画系。在国立北京艺专学习时，也坚持用炭笔练素描，用铅笔、毛笔画速写，为后来的写意创作奠定了扎实的造型基础。可以说，在他日后的大写意中国花鸟画的创作中，深受徐悲鸿革新中国画的思想影响。

日后，这两人走上了不同类型的艺术道路，并且都取得了非凡的艺术成就。在一部关于李苦禅的纪录片里，晚年的李苦禅回忆说："……有人问，谁是徐悲鸿的大弟子啊？谁是徐悲鸿的第一个学生啊？我说，是我啊，我是徐悲鸿的大弟子。你们想想看，他（指徐悲鸿）还没去法国呢，那时我就跟他学画画了，不是我是谁啊？"

徐悲鸿也认可这个说法。中华人民共和国成立后，已经成为新中国美术界旗帜的他，在一次业内的座谈会上，公开表示李苦禅是他教过的第一个学有所成的

李苦禅作品《喜声》

学生。二人初为师徒，后又有过共同工作的经历，在李苦禅陷入困苦境地的时候，徐悲鸿还几次三番出手援助。两人的交往和友谊，可谓是画坛的一段佳话。

徐悲鸿把西方艺术手法融入到中国画中，创造了新颖而独特的风格。他的素描和油画则渗入了中国画的笔墨韵味，创作题材广泛，山水、花鸟、走兽、人物、历史、神话，无不落笔有神，栩栩如生。他的代表作油画《田横五百士》《徯我后》，中国画《九方皋》《愚公移山》等巨幅作品，充满了爱国主义情怀和对劳动人民的同情，表现了人民群众坚忍不拔的毅力和威武不屈的精神，表达了对民族危亡的忧愤和对光明解放的向往。他画的奔马、雄狮、晨鸡等，给人以生机和力量，表现了令人振奋的积极精神。尤其他画的奔马，更是驰誉世界，几近成了现代中国画的象征和标志。

很长一段时间内，李苦禅的创作受到徐悲鸿艺术思想的影响。徐悲鸿认为中国的文化传统，不足的地方要增，不良的地方要改，西画要融之。李苦禅笔下的花鸟，既有一定写实的成分，但又不是对自然物象纯客观的描摹，而是高度凝练之后的再创造。李苦禅注重艺术从生活中来的原则，他将自己的人生经历和对生活的感悟，融入到艺术创作中，用自己独到的审美观点与丰富的表现手法，创造出许多形神兼备、千姿百态的艺术形象。他的作品看似随意，却蕴含着朴拙之气，自然含蓄中蕴含着阳刚之气。李苦禅画的鹰，笔力雄健，气势浑厚，夸张变形极有个人风格，与"齐白石的虾、徐悲鸿的马、李可染的牛、黄胄的驴"齐名，是成为现代画坛中最叫得响的个人代表题材之一。尤其到了晚年，他的作品愈加返璞归真，雄健苍劲，笔墨挥洒中已经达到了"笔简意繁"的艺术效果。运笔线条如行云流水，苍劲朴拙，笔法凝练简约，却意趣盎然。笔墨纵逸豪放、雄健磅礴。

李英杰何其幸运！在其艺术生涯的初期能够结识徐悲鸿，亲自接受和跟随其学习绘画。这段经历，不得不说深刻影响了他一生的艺术发展。

第三节

投身五四运动

1919年3月,徐悲鸿留学法国,离开了北京。李英杰自此和徐悲鸿分离,一直到20多年后,才再度重逢。

李英杰本也想利用"留法勤工俭学会"出洋学习,无奈此时法国政府紧缩了对中国学生的签证审核,李英杰未能如愿。他陷入了彷徨和矛盾之中。如何继续自己的美术学业?去哪里再去找到愿意教授自己的名师?如何靠自己的双手养活自己?离家半载,家中的双亲身体是否安好无恙?

就在他不知如何走下一步的时候,李英杰没有料到的是,此时的北京,正处在剧烈激变的前夜,一场史无前例的伟大运动,正在悄悄酝酿。

1918年,第一次世界大战结束,作为战胜国的中国,希

五四运动是近代中国思想史上的一次革命

望收回德国在山东的一切权利。在翌年的巴黎和会上,西方列强无视中国在一战中的贡献和战胜国地位,悍然将德国在山东的权利让给日本。消息传回国内,自鸦片战争就开始积蓄的屈辱,迅速点燃了国人的怒火。事件由北京学生集会开始,爆发了影响全国的五四运动。

运动开始后,社会各界,尤其是学生,参加运动的热情极高。全国各地的爱国师生,纷纷组织各式活动,声援和支持北京。跟着几个山东籍的学生领袖,李英杰又返回聊城,开始在家乡参加学生运动。

山东省立二中作为一所以新学为主的学校,校长、教师思想都很开放,校内一直有校方统一组织的学生组织——学生自治会。五四爱国运动爆发后,该校学生李学曾与一位刘姓学生,组织同学在聊城迅速掀起了爱国热潮。学生们组织起来,以"聊城学生联合会"的名义统一行动。联合会成立了宣传队、纠察队、调查队、募捐队以及国货商场等下属组织,打出了"以实际行动反对卖国贼"、"拒绝对德和约"、"废除二十一条"、"绝不让日本夺取德国在山东的权利"等爱国口号。

由于善于与人沟通,加之口才出众,李英杰被推选为学生队长,上街宣讲爱国主义，积极揭发政府当局牺牲国家利益、袒护卖国贼、镇压学生爱国运动的罪行，爱国热情异常高涨。

几十年后，李苦禅次子李燕教授曾经讲述过这段历史。他说："张乾一先生曾经写过一封来信，详细提到过这段历史。"信中回忆起二中学生当时参加爱国运动的许多细节，提到：既然算战胜国，原来胶东半岛作为德国殖民地应该还给中国。可是日本要它，这不合道理了，是不是？这个消息传到国内之后，山东学生首先就动起来了，说胶东是我们中国的领土，是我们山东的胶东，凭什么给"日本鬼子"？这"日本鬼子"的称呼可不是后来抗战时才有的称呼，老早就叫日本鬼子了。有的时候简称就叫"鬼子"，如果叫洋鬼子，那是西方帝国主义，要不加洋字，那就是日本鬼子。

作为山东人，李英杰和他的同学们对这次爱国运动有着痛切的感受。事件起因就是"山东问题"。第一次世界大战完结后，巴黎和会举行，由于政府软弱，西方列强肆意践踏中国主权，全然不顾我国战胜国的地位及大战中的贡献，把战败国德国在山东的权益转让给日本，即山东问题。

事件爆发后，当时的北洋政府由于内部派系斗争，加之其腐朽落后，未能捍卫国家利益，在列强面前显得软弱，使国人异常不满，从而上街游行表达不满情绪。革新思想在晚清，尤其是在甲午战争之后大量传入中国，开始影响年轻学生。民国初年，这种影响随着陈独秀所创办的《新青年》等刊物的发展以及白话文运动的推动，自由、反抗传统权威等思想，影

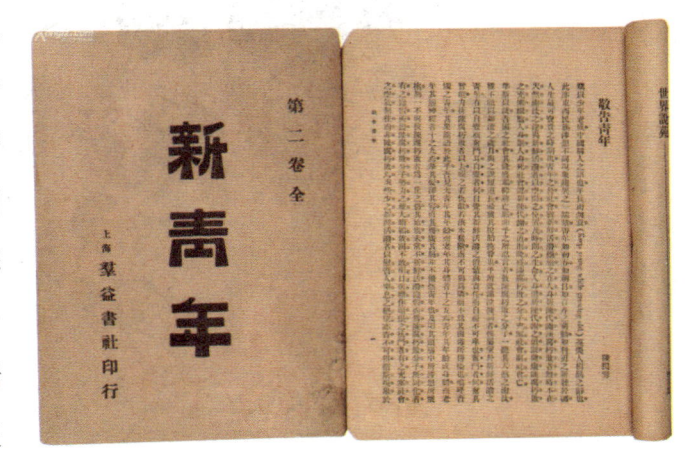

陈独秀创办的《新青年》杂志

李苦禅作品《雨后》

响了学生以及一般市民。

新文化运动高举民主、科学的大旗，从思想、文化领域激发和影响了中国人，尤其是中国青年的爱国救国热情，从根本上为五四运动的出现奠定了思想基础和智力来源。李英杰这些学生，就是因为接受了最早的民主和科学精神的教育，才能够在运动中挺身而出，成为最坚定的参与者。

李燕教授还回忆道：学生群情激愤，打着小旗上街游行，那时候因为李英杰和张乾一口才比较好，选他们当学生队长，在街上打着小旗带着游行，然后找个高地方一站。聊城最高的地方在哪？光狱楼，那是明朝的一个城楼，现在还在，保护得挺好。上头有一圈石碑，都是古碑，居然还保存下来了。之前学生们经常上去凭栏远眺，发思古之幽情。

此时成为群众活动的中心了。李英杰他们就站在那上头,大声地宣讲,讲的、听的,都是泪流满面。当时最著名的口号之一是"外争国权(对抗列强侵权),内除国贼(惩除媚日官员)"。后来有人传来消息,说北京那边学生们都上了街了,咱们也都表示表示去!胶东是我们山东的,我们山东学生不去行吗?

1919年初夏,李英杰、张乾一作为学生队长,代表聊城学生,一起北上声援北京的学生爱国运动。一路上甚是不易,有时候搭一段骡子车,有时候扒拉煤的火车,还有的时候就靠走。虽然艰苦,但来自山东省各地的学生代表热情不减,互相鼓励,相互扶持,只想尽快赶到北京。

到北京时已经过了5月4号了,但是仍然满街都是学生,所以在李英杰印象里,"五四"跟"六三"分不清,其到了晚年回忆的时候,总是说参加"六三"运动。当时的北京城里,仍不断地有学生上街,警察还出来干涉。但是当时警察好像也是接到命令了,不准用枪头捅,只能拿枪托子磕,还不准把学生磕伤了。

这个时候发生什么事呢?凡是有山东口音的学生一来,立刻就让其他学生、群众还有教师们给围上了,包括做小买卖的。那时候中国的老百姓已经不是那么愚昧,那么封闭了。学生上街喝不喝水?拿大碗茶送上去,白喝,一分不要。老百姓再穷,窝头还是拿得出来的,饼子还是拿得出来的。学生饿不饿?饿。给你。最令人感动的是一些洋车工人,他们甚至把一天做工的血汗钱都拿出来给学生们买烧饼、茶水。

在李英杰的记忆里,当时的那些警察们也爱国,并不十分镇压,只是意思意思。后来发现山东学生成了闹事中心了,就把山东学生们聚在一块赶到天安门的城门洞子里头,前边一堵,后边一堵,就堵在那了。李燕回忆当时的事情:张乾一来信中说,李英杰那会儿就给警察头儿做思想工作。他这一说,旁边警察也都明白,故意网开一面,空出一个档子来。学生心里明白,一个字,跑!都跑了,这边警察追,喊:"别跑,别跑。"还原地跺脚,"吧啦吧啦"的还挺响,但是他们并不真追。那些警察,说实在的,一个月下来挣不了几个钱,长官有命令下来

李苦禅作品《泽荫图》

就得弹压,但是人家也是爱国的。

这种情况,张鸣在《北洋裂变》一书中也介绍:晚清时候,士兵们就不敢轻易进学堂生事,哪怕这个学堂里有革命党需要搜查。进入民国之后,这种军警怕学生的状况,并没有消除。即使有上级的命令,军警在学生面前依然缩手缩脚,怕三怕四。他们尊学生为老爷,说我们是丘八,你们是丘九,比我们大一辈。

火烧赵家楼,是五四运动中的标志性事件。事实上,当时学生放火烧房时,赵家有全副武装的军警保护。看见学生行动,军警都不为所动。其时,章宗祥遭毒打，全身50多处受伤，而在场的几十个带枪军警竟然束手无策。当时有人向警察呼救，巡警回答说："我们未奉上官命令，不敢打学生。"事后，抓住了几个掉队学生，当需要指证时，在场军警不约而同，无人愿意出来指证。甚至是那些被学生打伤的军警，也不愿意出来指证学生。

在风起云涌的学生运动下，连当时的大总统徐世昌最后也服软了，面对被捕的学生，徐世昌只得派官员前去道歉，不过学生们不买账。第二天，步兵统领衙门和警察所又派人道歉，学生才肯出来。到后来，被捕的学生已经不接受简单的道歉，军警预备汽车接送、列队燃放鞭炮也不能把这帮学生们请走。真成了请神容易送神难。当时的总务处长只好向学生作揖恳求说："各位先生已经成名，赶快上车吧！"在如此待遇下，学生们才高昂着头回到学校，享受英雄归来的荣耀。

有文章写到，据参加过五四运动的老人回忆，当时学生聚集在新华门和中南海，要求见大总统徐世昌，但徐世昌避而不见，这时警察总监吴炳湘出来奉劝学生："总统不在，可以把请愿书留下。时间已经很晚，希望学生回校休息，政府自有答复。"但学生坚决不肯，一直耗着，接着开始有民众加入到请愿行列，警察总监吴炳湘又出面奉劝学生，态度可说是相当人道。吴说，待会天气要热了，大家还是早点回去睡午觉吧。学生的回答更调皮：大人您年高，也要注意身体哦。吴回答说：客气客气。在得知学生只是为了宣示爱国之情，为外交作后援后，这位总监就放心地走了。

第四节

慈音寺奇遇

　　在整个运动过程中，学生都尽量避免与军警发生冲突，而多数军警也以"不作为"的方式暗中支持学生的运动。可见当时的中国人并不是全部麻木不仁。被爱国心激荡，民众也非常支持和同情学生，并且在运动中受到了教育。五四运动从形式上是中国学生的爱国运动，但从整个社会发展来说，它的影响远远不止于此，除了波及中国思想文化、政治发展方向、社会经济潮流、教育，亦对中国共产党的建立和发展起到了重要的作用，同时它对以后中国共产党领导下的中国社会亦有着不可低估的影响。

　　在北京参加学生运动，短短一段时间，李英杰的思想获得一个很高的提升。他见了世面，接触了全国各地的学生，

20 世纪 20 年代的北京城门

经历了与军警的斗智斗勇。他第一次看到文化领袖和学生们的力量是如此巨大，第一次感受到新思想对旧事物、旧势力的强烈冲击。这是在偏居江北的聊城所无法见到的。

北京真好啊，这里是中国政治文化的中心，能够从北京感觉到国家的命运，这种氛围在老家是感受不到的。而且传统文化在北京太丰厚了。北大、清华等著名高校林立，文化机构众多，随处可见穿长衫的文化人，经常不经意间就能在大街上遇到一个名声如雷贯耳的文化大家。故宫博物院里历朝历代的名画书法都是大师手笔，更不要说琉璃厂市场、众多的南纸店，里面的画，就是走马观花看一眼，全看完也怕得要个三年五载。

李英杰打定了主意，留在北京，不回家乡了。大丈夫志在四方，他决计要在这龙盘虎踞的京城里，靠着自己的努力，完成那美丽的梦想。只是，从家乡带来的盘缠，已经所剩无几，投亲靠友，此地又举目无亲。

李苦禅作品《荣枯本不同 缘结金石盟》

受五四运动的影响，加上勤工俭学已经结束，北大是待不住了。李英杰把行李打成卷，背在身上，开始漫无目的地在京城内游荡。开始两天，他流连于南纸店和古董铺，就为了能看几眼别人的画。由于衣衫破旧，只看不买，许多店主和伙计对他都是态度冷淡，有些人干脆直接不让他进门。饿了买块饼子，一碗凉水吃下肚，晚上就熬到后半夜，借宿在一家澡堂子里。

到了第四天，他的一位同学的远亲、在北京当伙计的山东老乡找来了。乡党听完李英杰来京城的经历，心中甚是佩服。见他困在浴室，吃没得吃，喝没得喝，于是就推荐他暂去一家寺庙栖身。

"小弟，这北京城吃喝花费都贵，你一个学生，怕是没多少钱吧。"老乡问他。

"是啊，二哥，我身上倒还有些从家里带来的盘缠，可不敢花,我还要留着学画。"李英杰回答。

"嗯,你这样总住在澡堂子里不是个办法,我那里也没有地方收留你,我给你推荐个去处吧,不需花钱就能住。"

李英杰听了很高兴,追问道:"那先谢谢二哥了,不知是什么地方?"

"近郊有个慈音寺,那里的主持也是咱山东人,我与他打过几次交道,你可以去他那里暂时周转几天。"老乡看英杰听了有些迟疑,接着说:"主持那个人人品很好,都是老乡,你去那里最起码有个睡觉、吃饭的地方,以后的事再慢慢来吧。"

虽然觉得有些远,英杰听说可以免费住宿,也就同意了。二人收拾了一下简单的行李,一起往京郊慈音寺而去。

到了慈音寺,老乡把李英杰引荐给主持,说明了他的来历以及来京的目的,请托住持照顾。住持面容清瘦,穿一身僧衣,手挽一副佛珠,看上去约莫50多岁年纪。朋友相托,加上都是山东老乡,住持很痛快就答应了。三人又叙了几句闲话,同学的那位亲戚就告辞回去了。

慈音寺是一座不大的禅院,加上住持,总共就六、七个僧人。老住持给了英杰一间禅房,作为他的宿舍。房子很小,有些破败,但也能遮风挡雨,算是个落脚之地。吃饭的时候,住持吩咐小僧人来叫。寺院内无非是些白菜豆腐等素食,但吃在英杰嘴里,却是难得的珍馐美味。有饭吃,有住的地方,李英杰总算是能踏踏实实喘口气,心里那股子惊慌无助,也渐渐消散了。

与住持谈起学画之事,李英杰表示,自己要在北京长期坚持下去,不学成不罢休。只是,家中没有余力支持自己的学业,万事都要靠自己。他向住持请教,如何能找到一份可以谋生的差事,还能留出时间学习。主持想了想,见英杰身体健壮,又能吃苦,出了一个主意。

"小老乡,此处你可尽管居住,吃饭也尽管吃,都是些粗茶淡饭。"住持宽慰李英杰。

"多谢长老款待，来北京后多亏了长老相助，学生真是感激不尽。"李英杰表达感激之情。

"客气了。你从山东千里迢迢离家求学，志向远大，日后定能成就一番事业。找差事的事可以缓一缓再说吧。"

李英杰回应道："感谢长老鼓励，学生一定会努力。只是学生有手有脚有力气，可以自己养活自己。再说了，贵宝刹是佛门清静之地，学生在这日日叨扰，终归不是长久之计。长老久居京城，又常与京城的文人雅士和老板相交，还望长老能帮学生出出主意。"

老和尚见李英杰如此说，点点头，说出了自己的主意。

"小老乡，你若有此心，也是一番志气。你现在无亲无故，也没有本钱。当伙计没担保，做生意没本钱。我看，不如你去拉洋车吧。"

"拉洋车？长老，我哪里有钱去买那洋车啊。"李英杰一脸疑惑地说。

"买你是肯定买不起的，但你可以租。"住持说道。"我认识一个开车铺的老板，他店里有十几台车子，去掉拉包月和长租的，每日总有几台车子可以出租。"

洋车是20世纪初人们出行的主要交通工具之一

英杰说道："学生对这些一点都不懂，还请长老多多指教。"

"你没什么本钱，我可以为你作保，担保之事料他能够同意。你初到北京，人生地不熟，好多地方找不到，不如试试夜里跑。"住持接着说："拉夜车，一来线路比较固定,地方好找;二来租金较少,适合你刚干不熟悉。"

听完住持一番话,李英杰高兴极了,连连感谢住持。此时的他并不知道,这份拉洋车的差事,可不是那么好干的。

当下,二人说定,明日一早,就由住持领着,去车行办理租车事宜。

事情很顺利。有老住持担保,车行老板答应了租车的事情。当时一辆洋车约需大洋一百块,普通劳动者一年挣的钱也买不了一辆车。车行老板有些是雇人拉车,有些就将车辆租给车夫,收取租金。和现在的出租车一样,拉洋车的也分白班、夜班,毕竟车行也想尽快收回巨额的投资。

一条艰难的新路就此展开。李英杰从此变成了一个半工半读的车夫。每到太阳下山,李英杰就早早候在车行,接过白班车夫的车子,踏上拉脚挣钱的不眠之夜。他有时等在戏院门口,接待看夜场的客人,有时蹲在医院大门,等着病人出院回家。拉上客人,那就得一溜小跑,既要快,又得稳。遇见脾气好、心善的客人还好,到了目的地能挣几个铜板,遇见瞧不起穷人、欺负穷人的地痞流氓,不是一路呵斥骂骂咧咧,就是少给车钱甚至不付钱。

李英杰天生性格刚烈,加上身体强健会武术,遇见地痞流氓欺负人,他从不软弱退缩。时间一长,附近的流氓都传开了:"有个山东大个儿软硬不吃,油盐不进,可别惹他。"遇见行乞的残疾人或者老人小孩,他反倒能帮衬一把,不是买两个饼子,就是给一个铜板。当时他从新街口车行,拉人到前门外观音寺,才挣五个铜板。

就这样,李英杰晚上拉车,挣出租金和生活费,白天就去琉璃厂看画,去旧书摊翻画谱。遇见刮风下雨下雪天,小小的禅房就是画室。几块木板支起一个画案,简陋的纸笔挡不住创作学习的热情。饿了啃几口硬邦邦的窝头,渴了喝几口冰凉的稀粥。为了尽量节省粮食,李英杰经常熬上一锅粥,放凉后粥变成黏糊糊的一大块,用筷子划上两道,一锅粥就变成四块"粥饼"。这样早上吃一块,晚上吃一块,能吃两天。

李苦禅作品《鹤有舞卧者自我始》

李英杰不以为苦，常常拿孔子弟子颜回的经历自比。颜回出身贫寒，常常是吃了上顿没下顿，住在四处漏风的破房子里，却坚持学习，志向不改，终成一代儒学大师，成为孔子最为器重的大弟子。李英杰自认为才学不如颜回，身处的恶劣环境却也能同颜回一比。

当时有一个学佛的弟子，名叫林一庐，也是在北京求学的，因为喜好佛法，故常来慈音寺向长老讨教。一来二去，也与李英杰相熟起来，常常谈论一些人生志向、文学艺术。林一庐得知李英杰白天出去学画，晚上要拉人力车挣钱，夏天连一把蒲扇都买不起，腊月里还只穿着夹袍，在北京学画的过程艰苦异常。他非常敬佩李英杰，感叹其在逆境和苦难中的坚持，见其所绘之画亦如"禅宗"画，带有浓浓的禅意，就给他起了个别号"苦禅"。

"李英杰，我看你每日这样辛苦，却以苦为乐，志向不改，真是感佩。"林一庐说。

"学长过奖了。我这也是没办法，总要吃饭。再说，年轻人吃点苦怕什么，我觉得这也是对我的修炼。"李英杰说。

"好一个人生修炼。佛法中也有类似的说法呢。我看你有苦难经历，所画也颇有禅意，赠你个别号，就叫'苦禅'吧。"

李英杰闻听，顿时觉得这个名号非常喜欢，他对林一庐说道："千金易得，知音难求。感谢学长的鼓励和理解，这个别号，真是明知固当，明知固当啊。"

从此，"苦禅"就替代了他的名字"英杰"。这个他异常喜爱的名字，也足以作为他一生的写照，苦了一生，难了一生，却也初心不改，对艺术的追求也坚持了一生。

当初收留他的寺庙住持听说了这事，还特意为他写了一首偈子诗。诗曰：

人世悲欢皆虚幻，

七情六欲一念牵。

一旦悟通烦恼处，

心中净土连西天。

咄！咄！

无染无垢超三界，

白藕脱泥即苦禅。

  虽然不能说一语成谶，但李苦禅的一生的确像他的名字一样，"苦"始终不离左右，伴其一生。尤其前半生家庭的不幸，让他后来每每想起，总不免潸然落泪；而他高洁的品格也确是"处黑暗中无染无垢"，"白藕脱泥终成正果"。

第五节

考取国立艺专

1923年,李苦禅24岁。在北京拉洋车的生活经历磨砺了他,长时间与社会底层和普通老百姓共同接触,也让他对社会有了更为全面、更为深刻的认识。北京城既有丰厚的民间艺术土壤,也有浓郁的文化知识氛围,这一切,都深深滋养了李苦禅对艺术的认识和认知。由于得到了徐悲鸿的启发和指点,李苦禅自学了一定的西方美术基础,他报考了国立北京艺专,并成功考取,成为国立艺专西画系的一名学生。

国立北京艺专,为当时的国内三大美术学校之一,其前身为北京美术学校,由蔡元培于1918年4月倡导创立,是中国历史上第一所由国家开办的美术学府。这是中华民国

百年巨匠
Century Masters

倡导创立国立北京艺专的蔡元培先生

20世纪20年代的国立北京艺专

建国的初期，也是一个旧王朝陨落后，人们渴望建立新气象的时代。作为中华民国首任教育总长的蔡元培，提出全民美育的计划，这是一个覆盖了从胎教开始的终生美育计划，包括"社会美育"和"专门美育"。以社会上的美术馆、建筑规划、歌剧院等进行全民美育，以美术学校等进行专门美育，培养专业艺术人才。

蔡元培一厢情愿地认为，只要人们认识美，懂得美，一切就都还有希望。他认为"美育可以替代宗教"，号召"文化运动不要忘了美育"，还写了具体的"美育实施的方法"。北京艺专就是这个计划的实践之一。

蔡元培的理念受到教育部的认同。1917年，教育部任职的郑锦创办北京艺专。当时它的名字是"北京美术学校"。郑锦出生于广东香山县的寻常人家子弟，因为爱看父亲雕刻祠堂梁柱而爱上美术。13岁随家姐东渡日本，在日本接受教育，中学老师是梁启超。北京美术学校依循日本模式，校名也是模仿东京美术学校而来，更因为当时北京是传统派画家的大本营，北京美术学校不可避免地带有浓厚的传统色彩，教授阵营也以中国画家和归国的留日学生居多。1922年，学校正式更名为北京美术专门学校，由中等学校升级为高等学校,开始了本科的第一届招生,专业也细分为中国画系、西洋画系和图案系。

郑锦担任校长的八年中,北京艺专培养出刘开渠、李苦禅、李剑晨、常书鸿、王曼硕、雷圭元等一大批人才,他们日后都成了中国现代美术史上有名的美术家或美术教育家。学校的师资力量也较为雄厚,油画家李毅士、吴法鼎是北京美术学校西画教授的两位代表。李毅士留英十余载,在格拉斯哥美术学院学过西画,是我国最早去英国留学的学生之一。吴法鼎毕业于法国巴黎高等美术学院,也是最早一批留洋的艺术家。除了正常教学,提倡西洋画的师生还在校外成立阿博洛学会,这是北京较早的提倡西洋美术的一个社团。中国画系则有当时北京画坛的大师级人物陈师曾、王梦白等,以师法石涛、师法四王、师法宋元等流派为基础,教法都比较传统。

时任国立北京艺专校长的林风眠(左一)

1925年,26岁的林风眠担任校长。林风眠对北京艺专的教育专门化做出了相当大的贡献。他将在巴黎留学的经验拿来,建立了学分制,并且将科系进一步细化。譬如,他将中国画系分成山水组、花鸟组、写生组等,更加细化。而在

李苦禅作品《秋原远眺》

此之前，北京艺专仅仅是大概地分类为中国画系和西洋画系。

在艺专学习期间，李苦禅仍然需要拉洋车挣钱，用以补贴学习之用。学习油画费用很高，李苦禅形容："画油画是烧钱的行当，画油画抹上一笔，那比在

老舍拦住他说："你还专会画梅画菊,不如来画点不用临摹实物的,你给我画张老虎吧。"李苦禅凭着记忆画成老虎,蹬着大眼看老舍。有张家康拍着他的肩说,画张老鹰随便找几张照片,就是"创作"。李苦禅不懂得这些家底和内幕,终日勤奋苦练,专心致志地读书作画。

1923年秋,李苦禅拜齐白石为师,白天在美术学校学习西画,晚间跟齐白石学画家乡的中国画。齐白石对李苦禅的才气十分欣赏,1924年,李苦禅与几位志同道合的同学成立"九友画会"。

画友聚集在一起,总有创作活动,引起了一些新的反响。1925年4月的《大公报》发表李苦禅作品《秋江远帆》。11月23日,又发表作品《春雷》。随县《湖北报》刊登李苦禅作品《秋江远舟》。7月1日,参加中西画名家在北海漪澜堂举办的画展。8月4日,《燕京画报》推出中西画家专刊,发表了李苦禅对李苦禅的评语:"谨溯中西画艺术之精,将来前程不可限量。"一时之中国画坛名宿之流,靠捉刀者不敢再献丑以欺世,苦禅之勤奋与才气,众学者又谁不为之惊叹!

1925年夏秋,李苦禅以优异的成绩毕业。国立北京艺专校的毕业画展上,李苦禅一幅题名《松鹰》的国画成为引人瞩目的一件。人们争相推荐在这幅精彩作品前,翻阅入选的作品图册,评头论足。几乎所有人不在美术小工工艺美术及写意作品中,在众多的作品中如此独树一帜,"卓然超众"的大气磅礴,非苦禅无此。"苦禅"一鸣。

当时的校长林风眠与教师齐白石等闻听此消息,立马提笔"苦禅"的图画,看到他问道:"我怎么不知道他们没有这样的作品?"苦禅画是在校长任时,被齐名如画最近一次画到了的作品出场。这是齐名林风眠一个意外惊奇,对他的创作风格有着深刻的印象。此后,林风眠对其尤为关怀与苦禅,并且日后的外州学生甚多，第一时间就能在李苦禅、蒋兆和自己的这么多学生根据他们自家就能有多种。李苦禅也之开办办美术、自己已送来了有三位名师，一起授课。

流荡，一起开开几，还有瘦石林风眠。

事后，冯永玉在知道自己的得意弟子，被徐长林队嫉妒有加，非常恼火。为此，苏东自来自极压力，说了一方"死不休"的印度说有了李苦禅，就其其他，再北京都北京北大，"没北京人跑不开"的情况，教师教师。

1925年李苦禅以优异成绩毕业。在徐悲鸿等于北京市师范学校及京市第二师范学校，再在美术教师。从这一年算起，李苦禅开始了他几十年的美术教育生涯。

第六节

拜师齐白石

前文说起过,李苦禅在艺专学习时,拜了齐白石为师。这是一段颇富历史传奇的故事。

考上国立北京艺专后,学习西画的李苦禅,始终没有忘记徐悲鸿对他的指导。徐出国之前跟自己讲过,要借助西画一些好的东西来改造中国画。于是,李苦禅决定要拜一位国画老师,深入学习传统绘画。他把北京的著名画家都滤了一遍,比过筛子还细,发现一位来自湖南湘潭的木匠画家齐白石。其时的齐白石,画在琉璃厂很好卖,很受市场推崇,但卖价并不高,在业内,更是没有人注意。李苦禅发现,这位不知名的画师,其画既有传统中国文人画的深邃气韵,又有一种雅俗共赏的显著特点。他打听到这位老人出身贫寒,一生坎

李苦禅受齐白石画风影响颇深

齐白石是李苦禅艺术上最重要的老师

坷，决定找机会拜师。

李苦禅后来解释为何会拜齐白石为师："原因有三个：一是他本身就是农民出身，为人朴实，对劳动人民有感情；二是他有创新。徐悲鸿说，文到八股，画到四王，皆衰败无途，但他画的蜜蜂、虾、螃蟹等等，都是独创的，是别人画不出的；三是他敢说话，有原则，送礼的，请吃饭的，都不画。"

一位是年纪轻轻的穷学生，另一位是名声尚微的老画师，没有中间人介绍，也没有什么交流沟通的机会。李苦禅决定，自己找上门去，既然齐白石也是穷人出身，料也不会对一个穷学生有什么成见。

1923年秋天，李苦禅两手空空，和自己的同班同学王雪涛一起，一路打听着踏进了齐白石在北京的住所。他敲响了齐白石家的大门，说明来意后，终于见到了在家作画的齐白石。没有什么虚情假意的恭维，也没有丰厚的拜师礼物，李苦禅开门见山，简单介绍完自己的情况，直接说道："齐老先生，我特别喜欢您老人家的画，见了后十分佩服，想拜您为师。我现在北京国立艺专学油画，就是拿刷子在布上抹油的那种画，但是我特别想画国画，从小画的也是国画，想拜您为师。我这穷学生也没有什么可以孝敬您，等我毕业之后，找着事情做了，一定好好孝敬您老人家。"

齐白石还真是被眼前的这个小伙子吓了一跳。当时的他初到北京没几年，名声也没有后来那么大，还真没有正式收过徒弟。看见李苦禅如此耿直朴素，虽然没有拜师礼，但一片真情全写在年轻人的脸上。他缓缓说道："我也是穷苦出身，咱们都一样。只是，我对西画研究不深，怕教不好你，耽误了你的前程。"

"老先生，我虽然现在学习西画，但对国画更喜欢，也更有兴趣。我来北京三四年，见琉璃厂的画没几张喜欢的，就看南纸店里您老人家的画喜欢，好！跟他们的不一样。又打听您的为人也好，跟我在京城里碰见的一些名人不一样。再说，老百姓对西画认识尚浅，就算是卖画，西画也不如国画好卖呢。"李苦禅照实说。

齐白石见李苦禅如此说，心中顿觉其人憨厚朴实，不禁又多了几分喜爱，好似看到了自己的翻版，投脾气呀，于是就点头同意。

李苦禅见齐白石居然那么痛快就答应了，简直高兴坏了。一是大喜过望，二也是本性使然，他二话不说，直接"扑通"一声，跪下就行拜师大礼。由于屋内狭小，李苦禅个子又大，磕头时碰到了墙上的白墙灰，蹭得脑袋右边上一块白。抬起头来，齐白石看见捂着嘴直乐。李苦禅就这样，以如此幽默的方式成为齐白石门下第一位登堂入室的弟子。两人当时都没有想到，日后的中国画坛，师徒二人将创造一番怎样的伟大图景。

李苦禅拜师齐白石，为其首位弟子，而日后，随着白石老人名声大振，收徒不少，有名有姓、学有所成的就不下几十位。可谓是桃李满天下。但在其来北京之前，却一直籍籍无名，无人赏识其国画天赋及艺术成就。

1864年1月1日，齐白石出生于湖南长沙府湘潭白石铺杏子坞星斗塘。名纯芝，字渭清，又字兰亭。27岁改名璜，字频生，别号白石山人，又号寄园。是近

齐白石作品

现代中国绘画大师，世界文化名人。早年曾当过木匠，后以卖画为生，五十七岁后定居北京。曾任中央美术学院名誉教授、中国美术家协会主席等职。

20世纪50年代，白石老人的徒弟王雪涛，去法国见到了毕加索，并邀请毕加索到中国来。不想，毕加索却说不敢去，因为他在中国怕一个人，怕的就是齐白石。毕加索对白石老人评价很高，他认为，最高的艺术在东方，中国能有齐白石这样伟大的画家，学画就不用非到法国来。但谈到毕加索对世界艺术的贡献时，毕加索却笑言："我确实贡献很大，至少我养活了上千名理论家骗子。"随后，毕加索拿出了一些他临摹白石老人的画。毕加索评论到："齐白石真是中国了不起的一位画家！中国画是多神奇呀！齐白石用水墨画的鱼儿没有上色，却使人看到长河与游鱼。"看到毕加索临摹的这些作品，王雪涛这样说："白石门下哪个学生临摹得都比毕加索强。但有一样，都不如他的值钱。"

齐白石主张艺术"妙在似与不似之间",衰年变法,形成独特的大写意国画风格,开红花墨叶一派,尤以瓜果菜蔬花鸟虫鱼为工绝,兼及人物、山水,名重一时,与吴昌硕共享"南吴北齐"之誉。齐白石起自民间底层,其纯朴的民间艺术风格与传统的文人画风相融合,达到了中国现代花鸟画最高峰。其篆刻篆法一变再变,印风雄奇恣肆,为近现代印风嬗变期代表人物。其书法以篆、行书见长。诗不求工,无意唐宋,师法自然,书写性灵,别具一格。其画、印、书、诗人称四绝。

齐白石一生勤奋,砚耕不辍,自食其力,品行高洁。自幼从外祖父周雨若读书,很小的时候就表现出对绘画的喜爱,常用习字本、账薄纸作画。1902年,年近40岁的齐白石应朋友邀请,赴西安教画。在西安,齐白石结识诗人樊樊山。樊家收藏有八大山人、金农等名家书画,齐白石得以近距离学习欣赏写意国画的精髓。受这次学习启发,他的花鸟画风产生转变,走上写意画路径。1903年,同乡好友夏寿田来函,劝齐白石去北京发展,樊樊山也答应荐他去做宫廷画师,给慈禧太后画像。对旧社会的画师来讲,这无疑是平步青云的好机会,可意外的是,对于他们的好意,齐白石敬谢不敏。夏寿田还想给齐白石捐个县官当当,齐白石也没有兴趣。

这位民间艺术家对升官发财没兴趣,却同情一切弱者,对底层人民充满悲悯之情,最看不起当官的权贵,有其代表作《不倒翁》为证:

乌纱白帽俨然官,不倒原来泥半团。
将汝忽然来打破,通身何处有心肝?

齐白石一生自食其力,最喜欢表现普通老百姓喜爱的事物,也最喜爱与普通老百姓交朋友、打成一片。他认定绘画为寂寞之道,"大音希声",否则,以其艺术成就，不可能年近六旬仍默默无名。1921年，齐白石结束居无定所的漂泊生活，定居北京，以卖画为生。北京城文人荟萃，慧眼识珠，业内这才开始注意到他。

现代小学五年级语文课本中有一篇课文，名字叫作《齐白石与李苦禅》，讲述了李苦禅与齐白石之间的师生故事：1923年，年仅24岁的李苦禅经常拉着洋车穿行在北京城的大街小巷。为了生活，他不得不晚上凭着力气拉洋车赚钱，白天在国立北京艺专听课学画。为了颜面，每回拉车他总是离齐白石先生的住所远远的，生怕被人撞见，丢了老师的面子。

齐白石深刻影响了李苦禅的艺术思想

说来也巧，一个星期天，李苦禅拉车到王府井大街时，恰巧遇到齐白石和朋友从书画店里出来。李苦禅大吃一惊，转身就想躲开，但听得身后传来齐白石的喊声："苦禅，还不过来，送我回家！"在听到老师齐白石"苦禅，还不过来，送我回家！"的召唤后，李苦禅低着头将车转身，请白石老人上车，拉起车就跑。拉车途中，齐白石和蔼地问他："苦禅，你经济困难，拉车度日怎么不告诉老师呀？"

李苦禅牛头不对马嘴、答非所问地回答道："这……这……我对不起老师，给老师丢脸了。"

齐白石说："丢脸，丢谁的脸呀？你不知道老师是木匠出身，鲁班门下吗？这难道也算丢脸吗？苦禅呀，靠劳动吃饭是不丢脸的，是正当的！"

李苦禅拉车将齐白石送回家后，齐白石对李苦禅说，你现在学画是主要的，要把洋车退掉。而为了帮助李苦禅学画，齐白石让李苦禅搬到自己的住处，腾出一间厢房让他居住，并挑选了李苦禅的一些画，亲笔题款后送去画店，帮助他学画。

这件事情，深刻影响了李苦禅，也使之非常感动。要知道，齐白石"吝啬"、"守财奴"的性格可非一般，李苦禅曾就此回忆："（老师家）凡其屋内的什物箱柜，集零为整地排垒起来，用锁锁好了，甚至一箱一柜用数锁，大锁上再用小锁管束，画室门外有铁栅栏一道，除上有机器锁以外，再另加大锁。而齐白石的钥匙无计其数，用一长皮条贯穿着约一尺多长的一大串，结在腰带上再用小锁锁住皮条和腰带，恐一串钥匙脱落了。因整年带着一串钥匙，磨搓得极光亮，似银色一般。他的儿子三四人分居生活，每月细加核算分给费用。他与他的姨太太以及做饭佣人，每饭以香烟筒计量取米，常不足佣人食量，因此做饭人多不忍其过俭，经常更换人。"

可想而知，对于一个登堂入室的弟子来讲，能给一间房子居住、留餐并帮助卖画，也真够得上是十分的厚爱了！

李苦禅跟着齐白石学作画，同时也跟着老师学做人，学习他心境清逸，不慕官禄，于绘事才能精益求精的精神。他认为齐白石先生艺术上从不守旧，最重创新，爱画生活题材，画自己的真心感受。这种原则，一直持续一生。李苦禅说："我佩服齐翁最大的一点是他不拘泥于古人，有独创性，在艺术上绝不人云亦云，生活中也不巴结权贵，不抽烟（鸦片）打牌。干艺术就是要像齐老先生那样有人格、有画格！"

自从拜师之后，李苦禅就发现自己的老师齐白石是个名副其实的"工作狂"，白天起床就画，画到晚上12点多才睡觉，基本上什么社交活动都不参加，哪怕后来成了"中国美术家协会主席"，他也很少去，甚至连美协的大门朝哪儿开都不知道，一天到晚只是画画。"铁栅三间屋，笔如农器忙。砚田牛未息，落日

李苦禅作品《春夏秋冬》(春、夏)

照东墙"是他的生活写照,每天日出而作,日落而息,长年累月,创作了难以计数的笔墨丹青。据统计,目前齐白石留下的各类绘画达 3 万多件。但是,齐白石也有原则,对四种人不画。

他的画室门上贴了告示:一、送礼物不画;二、请客不画;三、为外国人翻译者不画;四、为照相者不画。见者如不见,无耻。这则告示是在北平沦陷为日寇统治时期,他拒绝为日伪汉奸作画。但是也有例外,李苦禅一日遇见伪警察欺侮一位黄包车车夫,路见不平,上前狠狠地揍了那个伪警察。不料招来许多伪警察,寡不敌众而被抓关押。为了救出自己的学生,齐白石不得不破例,用自己的画将李苦禅从牢里赎出来。

日后,齐白石渐渐为人所知,画价大增。因此有人假造他的画获大利。而李苦禅却极端厌恶这等不义行为。虽然他很穷困,却从不随波逐流。他只学老师的艺术精髓,而不师皮毛之迹,宁可自己的画卖不出高价也绝不去"乱真"。白石老人对此颇有感慨,在李苦禅画作上题道:"一日能买三担假,长安竟有担竿者。苦禅学吾不似吾,一钱不值胡为乎……"又以小字注道:"余有门人字画皆稍有皮毛之似,卖于东京能得百金。"斥之为"品卑如病衰人扶",而赞"苦禅不为真吾徒!"齐白石笔下的"不似吾"、"真吾徒"六个字,乃是对李苦禅之人品画品最概括的评价。

在齐白石和李苦禅相处的日子里,二人与其说是像师徒,毋宁说更像父子。晚年的齐白石有个什么头疼脑热,不愿意进医院,都得叫李苦禅过去才安心。从 1923 年秋天拜师算起,到齐白石 1957 年 9 月 16 日晏驾归西,李苦禅在齐门共 34 年。后来齐白石之子齐良迟毫不讳言地说:"最对得起我们齐家的,当数苦禅师兄。"

有一天,齐白石忽然喊李苦禅到家里,说:"我牙疼,我牙疼喔!画不了画了。"李苦禅赶紧跑去请牙医。牙医拎着器械箱子给齐白石看牙,拿手电筒照了半天,牙医乐了,放下手电筒,倒退三步,拱手:"恭喜老爷子,贺喜老爷子。"齐白石问："我牙疼你还恭喜我，拿我开我玩笑？"牙医笑呵呵地说："不是，您长新牙了！人一辈子就换一回牙，您长第二回了，我不得向您恭喜啊？"

除了关系融洽，李苦禅学艺齐白石期间，老师对他可谓是倾囊相授，丝毫没有半点保留。

李苦禅那时白天在国立艺专学油画，每周抽出三天晚上去齐白石家里学画写意花鸟、工笔虫草。而齐白石画荷花的时候，李苦禅就给他抻纸磨墨。那时候，徒弟是讲层次的，只有登堂入室的弟子才能看老师作画，给老师抻纸磨墨。齐白石喜欢画荷花，荷花杆长，要一笔画下来，他画完荷叶，把笔一搭，示意李苦禅抻着纸，跟着他的笔调整抻纸幅度的大小快慢。师徒俩配合得特别好，以至于后来齐白石画荷花的时候，总是要等李苦禅来了再画，齐白石用浓浓的湖南湘音招呼徒弟："苦禅，画荷花了，苦禅来。"

作为齐白石大师的第一位学生，李苦禅深深铭记着老师的教导："学我者生，似我者死"，他只学习齐先生的艺术精神，不追求和齐先生绘画的表面相似。譬如画鱼鹰，李苦禅看到齐白石是把鱼鹰放到山水之间，那么自己就以近景特写来画鱼鹰。他更记取齐"删去临摹手一双"的教导，不以临摹古人的画或者割取古人的画为能事，而要求自己像古人和齐那样，从大自然中选取自己的画稿，画自家面貌的画。

有一次，李苦禅潜心创作了一幅《鱼鹰图》请老师指点。画面上是一片夕阳余晖闪烁的湖水，磊磊黑石上栖满了鱼鹰。白石老人即在图上题道："苦禅仁弟画此，余不谋而合。因感往事，题二十八字。"又另外题道：余门人弟子数百人，人也学吾手，英也夺吾心，英也过吾，英也无敌。来日英若不享大名，天地间里无鬼神矣！

作为享誉国内外的国画大师，齐白石除了颇为得意地将弟子李苦禅比作孔子门下的颜回，竟在《鱼鹰图》题词中称李苦禅为仁弟，而且给了这么高的评价，可见两人之间，不仅仅是师徒的关系，简直上升到了知己的境界了。

有一次,李苦禅刚到白石画屋,看老师正画《白猿献寿图》,画面中的白猿,长出了胡子来。向来心直口快的李苦禅开口就说:"老师,听说猴子老了不长胡子。"齐白石听后,思索了好一会,没说什么。过几天,齐白石专门跑去看耍猴人耍猴,果然,猴子与人不同,年纪大的老猴子是不长胡子的。于是,齐白石把画卷起来,照例搁在废画那角落,再让李苦禅帮忙铺纸,又画了一幅没胡子的《白猿献寿》。这件事令李苦禅印象很深,几十年后跟其儿子李燕反复强调:"白石老人一辈子虚心、谨慎。"

后来,齐白石母亲去世,在守灵时,他命李苦禅画一幅《祭物图》:已经刮了毛的猪,钩子挂在横梁上,上面又挂了一只宰好的鸭子,用这幅画代替祭奠先人的牺牲之物,也就是在祭完以后,就把这幅画烧了,作为"遥祭"。可万万没想到,若干年后北京画院大搬家时,有人无意中在齐白石曾用过的柜子里发现了这张画。原来。当年的齐白石觉得这幅画画得好,没舍得烧掉,收藏起来。齐白石还在这幅画上面题了款:"龙行凤飞,生动至极,得入画家笔底必成死气。今令苦禅画此,翻从死中生活动,非知笔知墨者不能知此言。丙寅七日,明日为母亲焚化冥物。"

"弟子不必不如师,师不必贤于弟子。"李苦禅与齐白石的关系早已超出师徒,说亦师亦友

李苦禅作品,齐白石没舍得烧掉的《祭物图》

完全不为过，甚至，是一定程度上的艺术知己，齐白石直接以"仁弟"称呼李苦禅了。对于这段历史，当代著名的美术史学家李松先生说："李苦禅拜师齐白石，是师生的双向选择。"

齐白石浓厚的乡土气息，纯朴的农民意识和天真浪漫的童心，富有韵味的诗意，是齐白石艺术的内在生命，而那热烈明快的色彩，墨与色的强烈对比，浑朴稚拙的造型和笔法，工与写的极端合成，平正见奇的构成，作为齐白石独特的艺术语言和视觉形状，相对而言则是齐白石艺术的外在生命。现实的情感要求与之相适应的形式，而这形式又强化了情感的表现，两者相互需求，相互生发，相互依存，共同构成了齐白石的艺术生命，即齐白石艺术的总体风格。

中国著名美术史论家刘曦林评论李苦禅艺术时说道："如果说齐白石实现了文人画由高雅向亲近人生的通俗化转化，李苦禅又回归了部分传统文人画的内涵和气质，使之再度趋向高雅的格调。如果说古代文人画倾向于阴柔之美，李苦禅又和潘天寿一起使之发生了向阳刚之美的转化。正是传统美学、现代民族魂魄和阳刚之美的高扬，确定了李苦禅在现代大写意花鸟画坛上的坐标。"而从现在来看，李苦禅可以称为"最后的传统文人画家"了。

弟子佩服老师不人云亦云的变革精神，老师夸奖"苦禅仁弟有创造之心手"，师生的这种交往即是授心和夺心的关系。齐白石在变法之际有悟，曾言"获观黄瘿瓢画，始知余画犹过于形似，无超凡之趣，决定从今大变"；李苦禅得此超凡意识，也确立了"艺术家要造自己个人的宇宙"的立体意识。李亲见齐"大胆胡画"，以作突破成法的试验，遂引以为自己创造的方式。他学习的不是老师"胡画"之后的结果，而是"胆敢独造"、"随缘成迹"的精神。

名师出高徒，李苦禅走了一条和恩师完全不一样的道路。齐白石表现的是大自然的勃勃生机和形象美，而李苦禅表现的是物体的精神美！齐白石的画是普通人都能欣赏的，因为那是大自然的勃勃生机，是大自然的美；苦禅的画则是精神美，而这种精神是建立在理解了物体的精神世界后才能理解的。

第三章

日渐峥嵘

RIJIANZHENGRONG

艺术上,这个阶段的李苦禅虽然还没有得大写意花鸟画的大门而入,但其艺术修养、人格历练及绘画技法,都有了很大程度的提高。李苦禅利用一切机会饱览前人笔墨,并且攒下钱购买画册或珂罗版精良印刷品;日夜临摹,再加上齐白石等师父和老师指点,画艺大进。

第一节
小荷才露尖尖角

1925年，李苦禅自国立北京艺专毕业，不久，受聘于北京师范学校与保定第二师范学校教授美术。虽然薪水不高，但总算有了一份收入。至此，李苦禅才算告别了饭都吃不饱，衣都穿不上的困顿阶段。从1925年至1930年赴任杭州前，李苦禅的艺术活动大多集中在北京城及其周边。他一边跟随白石老人学艺，探索自己大写意花鸟画的法门，一边与几位志同道合、境遇相似的美术家互动，取长补短、互相切磋。

1924年年底，李苦禅在国立艺专成立了一个活动机构"九友画会"，组织进行一些艺术交流和创作活动。成员分别是：李苦禅、王雪涛、王仲年、徐佩遐、孙公符、何冀祥、阎爱兰、颜伯龙、袁仲沂。其中，李苦禅与王雪涛关系最为亲密，二人同为齐白石弟子，年龄相仿，都对写意花鸟情有独钟。后来，两人还一同搬到王森然家中居住，一直到王雪涛结婚后搬出。

王雪涛，1903年生于河北成安，原名庭钧，字晓封，号迟园。自幼喜绘画，1922年考入国立北京艺术专科学校西画系，后转读国画系，受教于陈师曾、萧谦中、汤定之、王梦白等诸位前辈，后拜齐白石为师，奉师命改名雪涛。王雪涛对中国小写意花鸟绘画做出了突出贡献。他继承宋、元以来的优秀传统，取长补短。所作题材广泛，构思精巧，形似神俏，清新秀丽，富有笔墨情趣。创作上主张"师法造化而抒己之情，物我一体，学先人为我所用，不断创新"。其绘画作品造诣极高，后一生从事美术教育工作，门徒学生众多。

艺术上，这个阶段的李苦禅虽然还没有得大写意花鸟画的大门而入，但其艺术修养、人格历练及绘画技法，都有了很大程度的提高。当时的京城，书店、画铺众多，很多古玩店也陈列出售许多前人和当时大书画家的作品。1925年，正值故宫开放，文华殿常陈列宫廷藏画，饱览、借观、借临古人画作机会颇多。李苦禅利用一切机会饱览前人笔墨，并且攒下钱购买画册或珂罗版精良印刷品，日夜临摹，再加上齐白石等师父和

"九友画会"成员之一的王雪涛先生

王雪涛先生花鸟作品

老师指点，画艺大进。

　　中学任教，有了薪水，李苦禅还是尽量节衣缩食，省下钱来购买颜料、画布，还要积攒下一笔钱用作回家探亲的路费，生活也并不宽松。到了暑假，李苦禅经常独自一人，携带上画具，装几块玉米饼子，游历北京周边的长城遗址，开阔自己的眼界，锻炼写生和素描能力。

　　一次，李苦禅所绘西画《长城图》被几位游览长城的外国人看中，追着他要买下来。李苦禅以十块大洋出售，这在当时也算是一笔不少的钱，可几位外国人却如获至宝，高高兴兴地痛快买下来。事后，李苦禅下了请柬，做东邀请平时那些接济他和帮助他的师生朋友，好好吃了一顿。赴宴的朋友见他仍然穿着洗得发白的衣衫，说不如用这钱给自己置办身新衣服穿。随性率真的李苦禅却说，之前多亏众位平时帮助，如今可以卖画挣钱，当然要酬谢，我可不能光有难同当，也得有福同享。

　　长城遗址大都处在荒山野岭之中，周边农民的生活之艰苦、乡村的凋零衰落，给此时的李苦禅留下了难以磨灭的印象。这一时期，他绘画了不少的反映底层农民艰苦生活及淳朴民风的作品，如水彩画《宛平县城》《麦收》和《参观陈列馆》，巨幅国画《鹰柿图》等，可惜由于年代久远，历经劫难，大部分均已散失。

　　大概也正是在这个时期，李苦禅开始把艺术的重心倾注在国画上。为了继承前辈思想，发展中国传统花鸟绘画，他在前朝中选取了一位"古人"老师，那就是明末清初著名画家"八大山人"——朱耷。他从学校一位老师手里借到两幅八大山人的真迹，在宿舍里反复临摹学习，感受画中的意象，琢磨前人的笔法和构图，可谓废寝忘食。

　　朱耷本为明朝宁王朱权后裔。满清入关后，朱耷削发为僧，藏匿于民间，后改信道教，住南昌青云谱道院。朱耷擅书画，花鸟以水墨写意为宗，形象夸张奇特，笔墨凝练沉毅，风格雄奇隽永；山水师法董其昌，笔致简洁，有静穆之趣，得疏旷之韵。白石老人曾有诗曰："青藤（徐渭）雪个（八大山人）远凡胎，缶老（吴

八大山人的笔墨功夫可谓登峰造极

昌硕)当年别有才。我愿九泉为走狗,三家门下转轮来。"

八大山人花鸟画最突出特点是"少",用他的话说是"廉"。少,一指描绘的对象少;二指塑造对象时用笔少。少,也许能有人做到,但是少而不薄,少而不贫,少而不单调,少而有味,少而有趣,透过"少"而给读者一个无限的思想空间。

八大山人在用笔用墨上的功夫可谓登峰造极。他的用笔由方硬变圆润,饱和墨汁与运笔的方法相结合,一下笔就给人以浑厚丰富之感。他是第一个充分主动利用生宣纸特性以加强艺术表现力的画家。生宣纸的吸水能力强,墨汁容易扩散,这本来是缺点,而八大山人却把它变为优点,不但为水墨写意画开辟了一个广阔的前景,而且也创造了人们对水墨写意画的新观念,其功不朽。

八大山人对形象的塑造也极其讲究。八大山人的花鸟造型,不是简单的变形,而是形与趣、与巧、与意的紧密结合。再次是他的布局,特别讲究少许物象在二维空间中摆放的位置。其诀窍是充分利用空白,即前人所谓"计白当黑"。与此同时,并充分调动题跋、署款、印章在布局中的均衡、对称、疏密、虚实等作用。

笔情恣纵,不构成法,苍劲圆秀,逸气横生,章法不求完整而得完整,可谓是八大山人画山水和花鸟的法门。他的一花一鸟不是盘算多少、大小,而是着

李苦禅作品《松石苍鹰》

眼于布置上的地位与气势，以及是否用得适时，用得出奇，用得巧妙。这就是他的"三者取胜法"。如在绘画布局上发现有不足之处，有时用款书云补其意。

如其在康熙三十一年所作《花果鸟虫册》，其《涉事》一幅，只画一朵花瓣，总共不过七、八笔便成一幅画。在八大山人那里，每每一条鱼，一只鸟，一只雏鸡，一棵树，一朵花，一个果，甚至一笔不画，只盖一方印章，便都可以构成一幅完整的画面，可以说少到不可再少了的程度。前人所云"惜墨如金"，又说"以少少许胜多多许"，只有八大山人才真正做到了这一点，可谓前无古人，后难继者。

李苦禅对朱耷非常推崇，他认为朱耷的花鸟画超脱、冷逸，笔法已达"散僧入圣"的境界。他临摹八大山人的画作，是临其意，不拘其形，进而忘形存意，借题发挥，创其自家风貌。至此，李苦禅的画作也有了深深的"禅意"，他不再拘泥于传统花鸟画的形式表现，大写意的表现形式开始初露端倪。到了晚年，李苦禅更是自由恣肆，创作上经常是兴致来了，马上大笔一挥，意到笔到，意透纸背。像平日里一边喝酒，一边画画，或者和学生们聊着天，手上画笔却毫不停顿，都是寻常之事。

第二节
结识知音王森然

也是在1925年,李苦禅认识了一位他生命中极为重要的朋友。在白石老人家里,李苦禅与前来学画的王森然相识。初一见面,王森然就被李苦禅的绘画深深吸引,而王森然的人生抱负、深厚的国学底蕴以及艺术修养,也同样吸引了李苦禅的注意。惺惺相惜,互为倾慕,由李苦禅提议年纪相仿的二人,按照山东的民俗结拜金兰,成为兄弟。从此两人互为知己,成为莫逆之交。两人的友谊一直持续到李苦禅去世,相交近六十年。

个人的命运,受历史时代大背景的影响,也会因偶然的事件而发生转变。李苦禅与王森然的相识相知,到后来的相交相伴,影响了他一生的艺术创作和生活经历。二人相识不久，王森然就把李苦禅和赵望云接到家里居住，三人朝夕相处，常常就作画的技法、笔墨和意境等问题一起研究、探讨，李苦禅也因此画艺大进。

作为一生的挚友，王森然对李苦禅的人品脾气、艺术造诣及为人处世可谓深知，他曾如此评价李苦禅："苦禅号励公，精拳棒，而无门户之见，少林武当，以己意贯通。以技击养身养画，以画养志养气，此苦禅之过人处也。其声若巨钟，行若飘风，运笔时若李广引弓，公孙舞剑，气韵横飞，情瀑怒涌；其为人也刚肠铁骨，遇不平事则怒目圆睁，或解囊助人，不顾衣食，或挑颜为弱者辩，口若悬河，正气凌人。当京师沦陷，毅然放弃教授薪职，节衣缩食，资助革命同志逃出虎口，画风亮节，凌然如岁寒松柏。日本宪兵疑其私通革命，登门拘捕，励公挥拳击之，立仆。身陷囹圄，谈笑自若。唯言及山河破碎，同胞流离时，方哑然而哭，至性至情，传为美谈。"

在其为《李苦禅传》所作的序言中，他写道："前夜，梦与苦禅同登西山观红叶，评状元红酒。苦禅倾酒于砚，笑磨朱墨，以酣畅恣肆之笔，写名山半醉之态，嘱余为题。余以为画外及无画处有画，诗在境中，何用题句？梦醒后，残月在天，树影拂窗，遍体生寒，乃披衣而

李苦禅的挚友王森然先生

王森然作品

起,于低徊中忆及前尘,泪雨滂沱,不知东方之既白也。"

这一段感人肺腑、情真意切的描述,读之令人泪目。不由得令人感叹,人生能得此一知己,夫复何求?

"那一夜,苦禅刚刚去世不久。他已经八十四岁了,已经走完了精彩、奇绝、神威凛凛而悲欢交集的一生;而我也已经八十八岁,我的人生也快走完了。但我们其实并不老,我们这一生所经历的大起大落、大悲大喜,随着世事的大动荡取得的大成就,都让我们诗思不老。激烈壮怀,潇洒行止,依然当年。"

"我梦见我们同登西山看红叶,西山红叶于天下,我们这一生,正如这红叶般飘然绚烂,烈烈西风中,舒展自己的光华。苦禅带了状元红,他不善酒,但此时怎可无酒?我们从二十多岁相交,当年他还是一个独闯北京的山东毛头小伙,我也只是初入社会,那时我尽力帮他,或者说我们相互帮扶。六十多年了,我们从苦难中走过,从穷困中走过,从日本兵的刺刀下走过,从鲜花桂冠中走过,此时一切都已经过去,而江山依旧。对此绝佳夕阳,大好秋色,怎可无酒?"

"名山半醉,苦禅也半醉,他把酒倒入砚中,笑研朱墨,那砚中殷红一片,哪里是墨,分明是一腔子热辣辣的壮士之血!他名为'禅',便'勇猛精进'了一生,真是深通禅意者!苦禅画完了,那一片名山,无边红叶,尽在纸上毫间。让我题字,我题什么呢?画里是画,画外还是画,这一片灿然秋色,从纸上绵延到山尖,那些尘封往事,从过往流淌到现在,哪里不是诗,何用再题呢?"

"老年人是不常做梦的,往往做了梦也不和人说,因为梦是年轻人的专利,是梦想,是希望。而老年人的梦,只是回忆,'铁马冰河入梦来',只能让人'感慨生哀'。果然,梦醒后,残月在天,树影拂窗,遍体生寒,我再也难以入睡,披衣而起,慢步低徊,忆及前尘,滂沱泪下。八十八岁了,还有泪;不知道苦禅在那边,是否梦到了我,是否也还有泪?究竟是苦禅入了我梦,还是我入了苦禅的梦?"

这是一位八十八岁老者写下的纪念朋友的文字,充满深情,饱含着对苦禅的思念,对生命的感悟。读来令人动容,愈加感佩他们对艺术的不懈追求,对生

LI Kuchan 李苦禅

李苦禅作品《竹鹭图》

命和美的无限热爱。在写下这段文字的两个月后，王森然也安然驾鹤西去，走完了他同样精彩、奇绝的人生。

王森然本人是一位教育家、作家，一生任教，著述甚多。他不是美术科班出身，作画纯属业余，只在读书写作之暇偶尔作画。但其受家庭影响，自幼偏爱笔墨丹青，潜功深厚，又因其意趣雅洁，他的文人写意画别具风格，立意高远，许多被公认为上品，受到齐白石、刘海粟、张大千、李苦禅等大师的赞善。齐白石甚至有"人曰森然弟学我，我曰我学森然"的题句。

王森然 1895 年出生于河北定州。幼年时，亲眼目睹了八国联军入侵时慈禧太后仓皇西逃的景象。当时八国联军在京汉铁路沿线烧杀抢掠，祖国山河惨遭外寇蹂躏，国家、民族面临生死危亡。这种悲惨的景象，激起了他一生为救国而献身的决心。上学时，王森然喜爱阅读康有为、梁启超、严复等人的著作，接受了革命、变革的思想。武昌起义消息传来，16 岁的王森然第一个剪去辫子，号召同学起来响应革命，因而被学校开除。没多久，定州青年成立同盟会外围革命组织"统一共和党"，他被推为负责人。孙中山路过定州时曾特命停车，接见了这位热血青年，并大大予以期许勉励。

1917 年，王森然从定州第九中学毕业。恰逢北京大学校长蔡元培到其校作教育改革演讲，作为学生会长的王森然陪同接待，其言谈志趣大受蔡先生赏识。其后，二人成为师友之交。王森然曾称，对他一生影响最大的就是蔡元培，受其指导教诲良多。五四运动爆发后，当时在保定直隶高等师范学校上学的王森然发动学生上街演说，组织罢课罢市，支持北京学生的爱国行动。接着，他又作为保定学生会代表赴京声援，结识了陈独秀、李大钊、胡适、何孟雄、刘半农等风云人物。

1921 年，保定直隶高师成立了宣传普及新文化运动的新文化研究会，王森然被选为会长。其后几年，他陆续在《学林》《文化评论》《猛进》《语丝》等进步刊物发表文章，自觉为新文化运动鼓与呼。从保定直隶高等师范学校毕业后，王

王森然(左二)与李苦禅(中)

森然还先后在河北、北京、济南等地从事中学教育,期间他一直坚持宣传革命思想,曾经被直系军阀曹锟视为"过激党"而遭到通缉,后因受到学生保护才得逃脱。

1924年初,李大钊、林语堂推荐王森然到陕北榆林中学任教。该校为陕北23个县中的唯一完全中学,校长是开明的教育家杜斌丞。在校任教期间,他教过的许多学生后来都成为革命家,如刘景桂(即刘志丹)、谢子长、王子宜等。这些年轻学子,从他那里接受了新思想及初步的马克思主义启蒙。当时杨虎城将军驻军榆林,多次请他到寓所谈书论事,共同探讨世界形势及中国的前途命运,从而建立了良好的友谊。杨虎城成为爱国进步将领,与王森然的思想影响不无关系。

李苦禅比王森然小几岁,平素里二人皆以兄弟相称。对于这个哥哥,李苦禅尊敬有加。李苦禅身上有一股子朴实憨厚的劲儿,爱恨分明,感情外露。王森然也是个性格直爽的汉子,脾气相投,志趣相近,李苦禅经常邀请王森然去他的住所，请兄长观赏他的习作，点评绘画技艺，二人几乎无话不谈，常常是由绘画谈起，到最后却海阔天空，话题无所不包。而王森然，除了在思想、学问上予以指导，生活中也是对李苦禅照顾很多。

王森然来北京后，在蔡元培的帮助下，在北京西四石牌胡同买了一处房子，比较宽敞。第二年，王森然邀请李苦禅搬来一起居住，一是离齐白石近一些，方便跟着师父学画；另一方面，也可以随时交流，互相照顾。此时的李苦禅还是借住学校，居室狭小，位置偏远。他听了王森然的话，倒也不客气，简单收拾了自己的行李，住进了王森然家。

这一住，就是4年多，一直到应林风眠所聘赴杭州任教。这几年时光，也是李苦禅颇为安逸的日子。有了兄长的照顾，加之名声渐起，找他买画的人也多了起来。没有了捉襟见肘生活的牵扯，李苦禅终于可以随心所欲地发展自己的艺术。

由于工作的关系，王森然与天津报界较为熟悉。王森然了解李苦禅的艺术，认为这是美术界一颗被灰尘蒙蔽的珍珠。他向著名报纸《大公报》的主笔张季鸾建议，由报纸增出《艺术周刊》，专门介绍当今名噪画坛的画家作品，张同意并委托王来主持。于是，李苦禅、赵望云的画作常常在《艺术周刊》上与读者见面，引起社会的很大关注。尤其是李苦禅，他的近似"阴线刻"拓本的《惨淡京都》和带有版画风格的《惨暮》等作品，给了读者耳目一新的感觉。1927年5月22日，《晨报》副刊《星期画报》第85号发表其作品《松鹰》，齐白石在画上题道："昔人学道有言一而知十者，不能知二者，学画亦然。劣天分者见任何些数而一不能焉！愚者见一下如无一。苦禅之学余而能焉，见一而能二也。白石题记"。

1927年8月，王森然在《世界日报》"骆驼"周刊上发表以《画家李苦禅》为题的文章，详细介绍这位年轻的画家。他在文中深情写道："李苦禅不为穷苦所困，痴迷书画成了众人瞩目的佼佼者"，论述"李苦禅就是一个在美的宇宙里生存的人"。文章说李苦禅来京后一直生活穷苦，身无长物，甚至连身上的衣服都

LI Kuchan 李苦禅

李苦禅作品《赏秋》

是相知的朋友所赠。尽管生活困顿如此，如果有人要给他钱，苦禅却坚决不收。冬天身上穿的只是夹裤单鞋，住处因没钱取暖像个冰窖，冷极了就到室外打一套拳暖暖身子，饮食就更不用说了，每天只能吃上一顿饭。尽管如此，他却总是夹着速写本子，时刻不离身，路旁、墙根、树下，一天到晚都在不要命地画，从未见他休息片刻。他从来不说自己过得穷、过得苦，他把自己的身心和意识全部投入到了艺术之中，忘掉了所有的欲望，所以他对绘画的认识和技巧日益提高，进步很大。

王森然还在文章中称赞李苦禅的认真，说他高兴的时候一天能挥毫作画四十余幅，有时为了追求细腻和精准，作画速度也慢得吓人。有一次，应一个美国人之约，李苦禅画一件绣屏竟花了两个月。大画他能画两丈四尺的，小的可以画半寸的，创作题材丰富。王森然在文章中赞扬李苦禅在自己的艺术实践中，能够吸取石涛、八大山人、扬州八怪、吴昌硕、齐白石等古今大师的精髓并融会贯通，加之他特有的坎坷和艰苦的生活经历，以及浩然豁达、刚正不阿的性格，所以才造就了他那奔放奇纵、笔苍墨润的艺术风格。

中华人民共和国成立后，王森然和李苦禅同在中央美院任职。晚年期间，李苦禅同王森然依然交流不止，艺术上互为唱和，直到二人生命的尾声。

第三节

创办吼虹书画社

在王森然的大力帮助和推荐下,李苦禅在京城美术界崭露头角,渐渐有了名气。木秀于林风必摧之,有少数对李苦禅怀着嫉妒之心的人,不以为然,说三道四,嘲讽李苦禅的艺术风格。此时,又是老师和挚友站出来支持他。

有一天,天气渐冷,王森然的老母亲在院子里缝制棉衣,刚刚饮了两杯酒的李苦禅趁着酒意,画兴大发,从棉套中抓出一大把棉花,蘸了墨在宣纸上"唰唰"几下,便擦出两大片残荷来。王森然看见,不由得暗自叫好,李苦禅如此随意而潇洒地作画,颇合其画意及脾气,率真随性。李苦禅画完,于画题道:"森然兄惠存,二十三年,弟禅醉写并题。"王森然把画拿到白石老人处请其观赏,老人看了并在画的顶端题了这样几句:"苦禅仁弟有创造之心手,可喜也。美人招嫉妒,理势自然耳。白石题。"老师知道他此时的处境,借题词对学生大加鼓励,告诉他有了成绩遭人妒忌,这是很自然的事,不必放在心上,要泰然处之。

此后,不论在艺术上还是生活上,王森然都一直给李苦禅力所能及的帮助,默默作他背后的支撑。可以想象,李苦禅一个外地的穷苦青年,如果没遇到王森然这样的知音,其前途命运,尚不知向何处发展。1935年当李苦禅不得不返回北平时,短暂在私立东华美专任教,因工资短缺,生活又陷入困顿。此时的王森然在华北学院担任教育科主任,聘请李苦禅到学校担任教授。尽管每月只能拿到两块钱的薪金,但生活上却有了好转。

1937年白色恐怖时期,持有进步思想的文化人士和爱国教师常常受到当局的镇压和围剿。李苦禅当时已参加了地下工作,他同情进步学生,暗地里为他们提供交通、物资和金钱帮助。"一二·九"运动爆发时,李苦禅还和王森然、张启仁等师生一起参加了在东长安街的大游行。游行人群在滴水成冰的冬日,顶着反动军警的高压水枪,高呼"反对华北自治",为国家的前途命运高呼。

1929年,徐悲鸿来到北京,就任北京大学艺术学院院长。他一眼就看出了齐画的艺术价值:格调清新,妙法自然。在画展上,率先把"徐悲鸿定"的字条挂在齐白石画下。此后,他为齐白石编画集、写序,送到上海出版,又聘请他为教授,并每日派马车去接齐白石,通过这一"热议事件",有意抬高齐白石在京城

徐悲鸿与齐白石

画坛的地位。徐悲鸿还公开对学生说:"齐白石可以和历史上任何一位丹青妙手媲美,他不仅可以做你们的老师,也可以做我的老师。"

这件事对齐白石的影响很大,市场终于开始重视齐的画。作为齐白石的大弟子,李苦禅的写意画,自然也获得更多关注。

1929年至1930年间,王青芳与李苦禅、赵望云、王子云、王森然等组织"吼虹"艺术社,以提倡新国画运动,由李苦禅任会长。该社宗旨为"以中为体,以西为用"。艺术社首次联展在北平中山公园水榭举办,他们的作品多"描写军阀混战扰乱的农村荒芜情况"(《赵望云自述》),曾在报刊发表和东北等地展出过。社址在北平手帕胡同,后来因被宪兵搜查,加之经费紧张,出版了两期《吼虹月刊》后停办。

这个时期,李苦禅编有《苦禅望云画集》两册,重要作品有中国画《群鱼鹰》,油画《活动》《和平之泉》《群鬼》《战场之夜》《爱的哲学》《重心的象征》《威尼斯的佩环》等,可惜这批作品历劫难甚多,至今下落不明。1930年,李苦禅为齐门篆刻女弟子刘淑度作册页,齐白石在其上题道:"苦禅画思出人丛,淑度风流识此工。赢得三千同学辈,不闻扬子耻雕虫"。齐白石将弟子李苦禅比作孔子门下的颜回。同年,《李苦禅画集》出版,由齐白石题签。

在艺术精进的同时,李苦禅还收获了人生的第二次婚姻。这一切,还是得从画画说起。

1928年初夏的一天早晨,李苦禅早早来到齐白石家中。不巧,齐白石临时有事外出。李苦禅来到画室,像平时那样拿起画笔,一边欣赏着老师桌上留下尚未完成的小品,一边揣摩着老师作品的意趣和笔法,独自临摹起来。正画得入神时,耳边听到院子里传来一阵人声,听上去是一位年轻女性正和白石老人的家人交谈。李苦禅没有在意,兀自作画不停。没一会,门帘一抖,师母齐宝珠陪着一位年轻女孩进屋来,笑着对李苦禅说道:"苦禅啊,看看谁来了。"

李苦禅急忙搁下画笔,恭敬站立,说道:"师母好。有客人来了啊。"

李苦禅作品《鸳鸯图》

"不是什么客人,这位就是凌小姐,你师父新收的学生,你们两人聊聊吧。"师母为李苦禅解释起来。说完,转身出去了。

李苦禅几天前听白石老人说过,最近新收了一位女弟子,虽然才17岁,但是天赋极高，自幼喜欢绘画，现在北平大学艺术学院国画系学习花鸟画。李苦禅心里想，来的这位必定就是了，老师如此器重，我倒要看看是个什么人物。

李苦禅一边嘴上寒暄、让座，一边偷偷打量眼前这位女孩子。凌小姐身材苗条，细长眼眉，高高的鼻梁，穿着一身合体的旗袍，头发梳得一丝不乱。

"您就是李英杰大哥吧，师父常常说起您呢。"凌小姐笑盈盈地说，语气中带着恭敬客气。

李苦禅心里想，连我的本名都知道，看来师父真是给她说起过我。"我是李英杰，现在叫李苦禅了。"李苦禅回答道："我也听师父说起过凌小姐的事情，师父对您夸赞得很，说您天赋异禀，国画画得极好。"

"苦禅大哥，可别这么说，那是师父过奖了。画画我还差得远呢，以后，还得麻烦您不吝赐教，多多指点呢。"凌小姐说道："别叫我凌小姐了，怪生分的，你就叫我凌嵋琳。"

看这位学妹说话如此得体，李苦禅不由得有了一丝好感。学国画的女孩子极少，能让老师收为弟子，看来果真不是一般女子。

这位大大方方的女孩子，就是日后成为李苦禅第二任妻子的凌嵋琳。

认识了以后，李苦禅和这位小学妹有了经常见面的机会。两人虽然年龄相差十余岁，但都受过正规高等教育，对于时事、艺术和生活的观点有许多相通之处。李苦禅拿她当小妹妹对待，经常在绘画上指点和点拨，而凌嵋琳也似乎非常喜欢和李苦禅相处，总是找机会与他交谈交流。两人在一起，好像有着说不完的话，相处甚欢。

渐渐的，李苦禅对这位学妹有了更多的了解。凌嵋琳告诉了他自己的家庭，她是土生土长的北京姑娘，1912年出生在北京，其家祖籍四川合江县，后移居北京。其祖父曾任晚清考场监考官，租住着报子街41号的一座三进式的深宅大院。祖父去世后，家境逐渐衰落。她的父亲学电机专业，毕业后做过北京地方检察厅书记官、中学数学教员、英语教员、外文翻译等工作，靠微薄的薪水维持全家生活。父亲为人朴实，喜欢读书，家里收藏有英、法、德、日等多种文字的书籍。她的母亲是一个祖籍河南、移居北京的大户人家的独生女儿，嫁到凌家后生有二女三子。

凌嵋琳是家里的第一个孩子，她的二弟叫凌子风（日后成为中国著名导演）。由于父亲过早去世，家庭生活愈加窘迫，母亲没办法，只好带着子女搬到外祖母家居住。虽然家道中落，但凌嵋琳也算是大家闺秀，从小家教甚严，知书达理。她的母亲很重视子女的教育，女孩子也一样要读书上学。初中毕业后，凌嵋琳以第一名的成绩考入北平大学艺术学院国画系花鸟画组，学期五年（预科两年，本科三年），为了更好学习国画，专门托人介绍，拜齐白石门下学习。

李苦禅知道了凌嵋琳的家庭情况，心中很是佩服。没有了父亲的一个女孩子，不畏生活的艰难，学业如此优秀，对艺术有着执着的追求，这不和自己的经历很相像吗？虽然人家年纪小，却不比自己努力少，真是一位好姑娘。

二人共同的老师齐白石，从这一对年轻人的交往和相处中看出了点别的意思。齐白石知道李苦禅已经丧妻，如今单身一人。他喜欢自己的这位大弟子，认为他讲仁义、有原则，才华横溢，日后必能成就一番事业。弟子的婚姻大事，做师父的当然要留意，眼下这不正是一个机会吗？看他们二人有着共同的志趣和理想，岂能不撮合一下？

当白石老人提出这个建议的时候，凌嵋琳羞红了脸，虽没说同意，可也没反对。自从认识了这位大师哥后，凌嵋琳越来越喜欢这位身材高大、性格豪爽的男子汉。她敬佩他千里迢迢远离家乡求学的毅力，也被他拉洋车半工半读独立谋生的经历感动，更何况在绘画上又是如此努力。李苦禅听了老师的想法，反倒是犹豫一番：自己现在是一个年轻的教师，没钱也没权，能给人家幸福吗？再说，年龄、家庭的巨大差异，外人肯定也会有非议。

李苦禅的第一位妻子，是他还在聊城山东省立二中上学时，由父母包办，与一位不相识的大他6岁的姓肖女子结了婚。由于李苦禅一直在聊城和北京

吼虹画社成员合影

求学,与这位妻子是聚少离多,二人志趣相异,毫无感情。1926年冬,李苦禅回家处理父亲的丧事时,夫妻又见面了,两人曾提到离婚之事,但为了保住李家门风,彼此忍受了。结婚八年后,肖氏女不幸因病过世,留下一个女儿李常,由肖氏娘家抚养。

此时的李苦禅29岁,虽然自己的妻子已经去世,但他没时间,也没有能力去考虑自己的婚姻之事。在京城无亲无故,只是一名刚刚毕业的学生,养活自己都需要靠拉洋车和打短工,哪里会有心思去想着再找一位伴侣?

齐白石看出了李苦禅的顾虑,于是告诉了他凌嵋琳的态度,并且很肯定地说凌嵋琳不是那种普通女子,机会就在眼前,机不可失失不再来。

在老师一通撮合下,有着相同的志趣和爱好,彼此惺惺相惜互相爱慕的一对年轻人,感情迅速升温,交往了半年,这桩婚事就定了下来。这年仲秋,在众多朋友和齐门弟子的祝福声中,两个人举行了简单而又热烈的婚礼。婚后,夫妻俩你敬我爱,生活中互相照顾,绘画上彼此切磋,真可谓是幸福甜蜜。凌嵋琳还积极参与李苦禅发起的"吼虹画社"的日常活动,艺术上增进许多。

凌嵋琳后来改名为凌成竹,也成为了著名的书画家和美术教育者。她长于大写意花鸟和美术史论研究，兼擅书法与山水画。1947年在上海，1948年在南京，凌成竹先后圆满举行了两次个人画展，博得画界名流的好评，引起当时舆论的轰动，其中1947年的个展反响尤为强烈。当时美术史论家、画家俞剑华先生曾在《申报》热情撰文，评述这两次画展：她不仅善于吸收诸家之长，且不为他人成法所困，锐意求新，寻求自家风貌。她的画作大气磅礴，出笔豪放，近采撷白石、缶老的精华，远挹石涛、八大的神采，更参以白阳、天池的风趣，所作毫无巾帼气，其画色墨淋漓、笔快风雨，能令观者神正兴飞。而其人温文尔雅，彬彬有礼，不愧为北平的典型女性。

后来，凌成竹一直在社会上从事妇女工作，参加了许多社会组织机构，思想进步。中华人民共和国成立后，凌成竹在河北美术学院从事美术教育工作，也培养出了很多学生，有些日后成为著名画家。

作为齐白石的女弟子，凌成竹非常推崇老师的艺术，一直想向社会更多介绍齐白石传奇的一生。1962年她调到《河北美术》月刊社工作，期间写了一个关于齐白石的电影剧本，准备由其弟弟凌子风执导。电影积极筹划准备，此事她曾与同校的郎绍君老师谈及，连扮演齐白石的演员都有了人选，说："齐白石由赵丹饰演，赵丹化装后很像！"为写好这个剧本和拍好这部电影，她还曾于1963年亲自带长子李杭，奔赴湖南湘潭白石故里考察采访，还一起赶往韶山参观了毛泽东的故居，可见她对拍齐白石电影的重视和对领袖的敬仰。

可惜的是，因为当时的政治形势，这部电影最终未能问世。艺术脱离不了时代而盲目发展，同样，艺术家也脱离不了时代而独自生存。只有在繁荣、稳定的社会中，艺术才能蓬勃发展，也只有对艺术家尊重、看重的社会，才可能造就百花齐放的盛世景象。

第四节

任教杭州艺专

　　1928年年末，一封来自杭州的信摆在了李苦禅的书桌上。信函是他的老校长，曾任国立北京艺专校长的林风眠寄来的。在信中，林风眠向他提出邀请，聘任他为新成立的国立杭州艺专的教授，并且向他简单介绍了杭州艺专的情况。老校长言辞切切，真诚请他赴任，为实现"以培养专门艺术人才，倡导艺术运动，促进社会美育为宗旨"的文化精神贡献力量。

　　阅信后，李苦禅十分激动，也很感动。激动的是，林风眠倡导的新艺术运动和西化艺术运动正进行得如火如荼，自己作为对西洋美术和国画艺术都有涉猎和研究的画家，自然应该参与其中；感动的是，老校长如此器重和信任自己，

1936年，林风眠与国立杭州艺专教师们合影

诚挚邀请。毕竟，国立杭州艺专不是一般的学校，而是当时艺术教育的一面旗帜，是"国民政府之下唯一的艺术教育机关"。李苦禅动心了，虽然北京有自己的恩师齐白石，有心心相印的知己王森然，有常常见面的师弟们，但是，杭州、林风眠，这两个词语，此时就像一块磁石，牢牢吸引着他。

　　国立杭州艺专，是由大教育家蔡元培先生提议，由林风眠一手筹划建立的。建设这所学校的意义，林风眠在《我们要注意》的长文里，用这样动情的语言热诚阐释国立艺术院的性质、归属、意义："我们这个国立艺术院是国民政府之下唯一的艺术教育机关，对于全中国的艺术运动，势不能不负相当的责任。"1931年6月15日，蔡元培又在《三十五年来中国之新文化》一文里记述国立杭州艺专建校历史："杭州一校，成立于民国十七年（1928年）三月，初名美术（艺术）院，设中国画、西洋画、雕塑、图案四系，而外国语用法文，秋，合并中国画及西洋画为绘画系。十八年（1929年）十月，改名美术（艺术）专科学校，学生二百二十六人。"可见蔡对这所学校的重视。

蔡元培、林风眠等人是走在时代前列的人,他们深刻认识到艺术对改造社会的功用,积极倡导"以美育代宗教"、"以研究学术而设艺术院"、"以培养专门艺术人才,倡导艺术运动,促进社会美育为宗旨"的文化精神,期望从艺术教育普及中"创造美,使以后的人,都改其迷信的心,为爱美的心,借以真正完成人们的生活"。国立杭州艺专的建设,正是那个时代先贤们的拳拳爱国之心与美育塑造运动的体现。

这个时期,不得不提林风眠亲自发动的"西化艺术"运动。徐悲鸿、林风眠和刘海粟,是"中西融合"这一艺术理想的最重要的三位代表人物。林风眠 1900 年出生在广东省梅州市白宫镇阁公岭村,自幼喜爱绘画,19 岁时,中学刚毕业的林风眠收到了梅州中学的同窗好友林文铮从上海发来的信函,获知了留法勤工俭学的消息,遂告别父老,前往上海和林文铮一同作为第六批留法勤工俭学的学生,去到法国留学。到达法国的林风眠,很快转入法国第戎国立美术学院学习,9 月又转入法国国立高等美术学院就读,并得以进入法国油画大师柯尔蒙(Cormon)的工作室学习,并广泛接触各种艺术形式,以及当时欧洲艺术界认为的"东方艺术"。

归国后,林风眠深受蔡元培先生赏识,出任国立北京艺术专科学校校长。1927 年 5 月 11 日,由林风眠发起并组织的"北京艺术大会"在国立北京艺专正式开幕,这是中国有史以来规模最大、品种最全的一次的艺术大展。

此次大会对艺术家深入民间曾起到过一定的积极作用。虽未曾在艺专就读、但"为林风眠所称赏"的司徒乔就是如此;而赵望云则更是一个典型的例子。就读于北京艺专国画系预科班的赵望云亲历了北京艺术大会,结交了王钧初、李苦禅等画友,"感受到了走出象牙之塔、走向民间的美术思潮的涌动,确立了一位代表时代前进方向的现代美术青年的艺术基调"。对此,赵望云曾说:"虽然那时我(对艺术)的理解是肤浅的,但(大会)对我的艺术思想确是有所启发,初步知道了艺术不是单纯的模仿,而应该是一种创造。同时,理论启发我应

李苦禅作品《茨茹鹭鸶》

着重观察现实,以追求艺术创造的本质。"此后,赵深入农村画了大量写生作品,以此为突破口实践其"国画改造"的理想。然而,由于民众缺乏热情,加之国内环境与国民素质问题,使得林风眠的西化艺术大会最终流产。1928年,蔡元培创办杭州国立艺术院,林风眠出任校长兼教授,又组织策划成立了"艺术运动社",创办了相关的杂志《亚波罗》和《雅典娜》。但最终,以"西湖一八艺社"的分裂,标志着林风眠西化艺术运动又一次失败。

失败后,林风眠深刻醒悟到必须首先使广大民众了解接受艺术,才能求得艺术的真正发展。而培养真正负责任的艺术家,成为当务之急。

国立杭州艺专建立之初,在林风眠的努力和坚持下,其"豪华"的师资力量震惊了世人。其中包括西洋美术史专家林文铮教授、油画巨擘吴大羽教授、国画大师潘天寿教授、西画造诣极深的李骧(超士)教授,图案、雕塑大师雷圭元、刘开渠教授,擅长戏剧导演、精通艺术史论与艺术批评的李朴园教授,出身世家、通融中西的蔡威廉教授以及众多来自英国、俄国和日本的外教。林风眠在北京国立艺专任职时,就以善于招贤纳士、建设超强师资队伍而闻名。当时他锐意革新艺术教育,请木匠出身的画家齐白石登上讲台,聘请法国教授克罗多讲授西画,并提出了"提倡全民族的各阶级共享的艺术"等口号。

其中,教授国画的潘天寿,是当时声名显赫、业内公认的美术大师。潘天寿1897年出生在浙江宁海北乡冠庄村,原名天授,字太颐,号寿者。其家薄有祖产,至潘天寿时,家境渐趋困顿。童年的时候,潘天寿帮家里砍柴放牛,常去冠庄西山雷婆头峰。潘天寿晚年自号"雷婆头峰寿者",其中寄寓了他对家乡与小同伴的无限思念。

潘天寿小时在村里私塾和县城小学里接受教育。1915年,潘天寿考取了浙江省第一师范,时为浙江省内最高学府。这所学校思想非常活跃,吸收日本明治维新后的教育体制及思想,对社会上各种先进思潮相迎不拒。从上海聘来的李叔同先生(弘一大师)儒雅通达,人格高洁,为潘天寿深深折服。1918年,李叔同剃度出家，潘天寿竟然想追随而去，但被李师打消了念头。直至晚年，李师所赠的一副对联仍悬挂在他的书房："戒是无上菩提本，佛为一切智慧灯"。

27岁那年，潘天寿来到上海，见到了仰慕已久的80高龄的海派大师吴昌硕，并成了忘年至交。吴昌硕亲切地叫他为"阿寿"，还特意送他一副集古诗句的篆书对联："天惊地怪见落笔，街谈巷语总入诗"。吴昌硕对潘天寿的诗文书画予以毫不掩饰的好评，表示出特别的器重，这给了潘天寿无比的信心。

接下来，年轻的潘天寿一面在上海美专授课，一面写作《中国绘画史》，作为美专的教材。同时深入研习石涛、八大、"扬州八怪"等画家的画作，希求让自己恣意狂放的画风有一个坚实的依托。上海五年，为潘天寿打开了广阔的艺术视野，其又在对古代传统和吴氏画风的揣摩与实践中，独立自省，选择了自己独特的艺术发展道路。

潘天寿的艺术博采众长，尤于石涛、八大、吴昌硕等诸家中用宏取精，形成独特的个人风格。不仅笔墨苍古、凝练老辣，而且大气磅礴，雄浑奇崛，具有

20世纪20年代的潘天寿

潘天寿作品

摄人心魄的力量感和现代结构美。

潘天寿绘画题材包括鹰、荷、松、山水、人物等,每作必有奇局,结构险中求平衡,形能精简而意远;勾石方长起菱角;墨韵浓、重、焦、淡相渗叠,线条中显出用笔凝练和沉健。落笔大胆,点染细心。墨彩纵横交错,构图清新苍秀,气势磅礴,趣韵无穷。画面灵动,引人入胜。

潘天寿的指画也可谓别具一格,成就极为突出。他有时用蚕茧的壳戴在手指上,有时干脆就是直接用手指蘸墨。这类作品,数量大,气魄大,如指墨花卉《晴霞》《朱荷》《新放》等,主题均为"映日荷花",以泼墨指染,以掌抹作荷叶,以指尖勾线,生动之气韵,非笔力所能达。潘天寿作画时,每画一笔,都要精心推敲,一丝不苟。他在"有常必有变"的思想指导下,取诸家之长,成自家之体,他的画材为平凡题材,但经他入手的画,却能产生出不平凡的艺术感染力。

师资阵容强大,招生情况也非常理想,杭州艺专在那一段时期涌现了一大批有天赋的学生。仅以1932年至1936年举例,1932年入学的有李霖灿、王朝闻、姚继勋,1933年入学的有雷震、赵春翔、董希文,1934年入学的有赵无极、程尚仁,1935年入学的有朱德群、刘宝森(彦涵)、闵希文,1936年入学的有罗工柳、吴冠中、卢善群等。这些学生,日后都成为纵横国内画坛,甚至具有世界影响力的大画家。其中,赵无极、朱德群和吴冠中三人,被冠为杭州艺专出的"三杰"。

第五节
南潘北李显威名

促使李苦禅下决心离开北京，赴杭州任教，还有一个重要的因素，那就是时任杭州艺专国画系主任的潘天寿。

北京、杭州，两地遥遥千里，但对曾拜海派大师吴昌硕为师的潘天寿，李苦禅早有耳闻，对他的艺术，也是渴慕已久。能够与潘天寿共事，对李苦禅来说，真是一个绝佳的学习和切磋的机会。

潘天寿刚到国立艺术院的时候，国画系只他一人，于是他包揽了所有的课程。在教学中，潘天寿对校长林风眠所主张的将国画系和西画系合并为绘画系的想法，始终不敢苟同。对于林风眠当时极力推动的"艺术西化论"，他也有着不同观点。潘天寿在《域外绘画流入中土考略》一文中，站在中国画继承、发展的角度，考察外来绘画与传统绘画之间碰撞与交流的历史发展脉络，提出了东西方绘画"根本处相反之方向，而各有其极则"的观点，并认为"若徒眩中西折中以为新奇；或西方之倾向东方，东方之倾向西方，以为荣幸，均足以损害两方之特点与艺术之本意"。

对于潘天寿这种捍卫中国画的独立性、提倡中国画应该在继承中发展的观点，李苦禅也深为赞同。李苦禅本人最初是西画科班出身，具有坚实的素描、速写功底，对西方油画、水彩画也有深入的学习和研究。对于中、西绘画的关系，李苦禅一直坚持"融合发展"，既不能一味排斥，非黑即白，也不能盲目推崇西洋美术，失去了中国画的"根和魂"。

这种开阔的心态与"熔中西于一炉"的做法为李苦禅艺术的发展奠定了雄厚的基石。李苦禅一直认为，中国写意画是"写"出来的，西洋画是"画"出来的，在这方面，我们比西方高出一筹。这表现在中国画首先发明了融"结果美"与"手段美"于一体，并由此而展现了融"空间艺术"与"时间艺术"于一体的观念。对于李苦禅来说，他的书法与绘画的结合恰是这一推进与变革的契机

著名画家潘天寿先生

潘天寿作品

与关键。他说:"不懂书法艺术,不练书法,就不懂什么叫大写意和写意美学了。"因而他在中国正宗书法艺术之"画家字"方面独树一帜。李苦禅的绘画之所以比一般画家高明,正是因为他以书入画,凭借几十年的碑学功夫书写出浑厚拙朴的线条,以及丰富的笔墨和巧与拙的处理,使其作品带有强烈的个人色彩及风格,观者一眼就可以识别出"这是李苦禅的画"。

对此,著名油画家、美术家侯一民曾评价李苦禅是"中西绘画融合得很好的一位中国画大师"。他说:"西画的基础增加了他创作的魄力和胆量。"

李苦禅能从西方绘画的要素中蜕变出来走进中国传统大写意的观念和实践中来,其当年所掌握的西方绘画功底就变成了他的优势。有与没有这个优势大不相同,他有这个优势,就可以比别人高出一筹。他利用西方写实造像的理念去观察对象,又能潜心到中国大写意艺术中去探索追求,他从梁楷、徐渭到八大山人、石涛,从赵之谦、吴昌硕到齐白石等大手笔的艺术里一一跳过,而又另辟蹊径,走出了属于自己的一条新路。

李苦禅将林风眠聘请一事,征询妻子凌嵋琳的意见。

"林校长诚意邀请,我打算南下,去杭州开辟一番新的事业。"李苦禅开门见山,表明了自己的态度。

"在北平,你现在也算小有名气的画家了,贸然离开,去一个新地方,会不会对你的事业有所影响?"妻子有所顾虑,担心刚刚有了起色的生活再生变故。

李苦禅看出了妻子的顾虑,安慰道:"树挪死,人挪活,好男儿志在四方。杭州艺专是我们国家最好的美术学校,去那里,对我的专业想必有很大的提高。"

凌嵋琳说道:"我们都没去过南方,不知对那里的气候、生活能否适应。"

"杭州是个好地方啊,自古就有'上有天堂,下有苏杭'的说法。我们虽是北方人,也一定能在那里生活得舒适。"李苦禅说:"杭州有美丽的西湖,景色宜人,文物古迹众多,也是人文荟萃之地,对我的写生肯定也有极大帮助。"

凌嵋琳见丈夫心意已决,只好说道:"既然如此,那我们就去吧,只是要和

坐落于杭州西湖罗苑的国立杭州艺专

老师以及我们的朋友们提前打个招呼。"

李苦禅见妻子点了头,很高兴,急忙回答:"那是一定的!大家平时没少帮助我们,离开他们,我也很不舍。"

夫妻二人商量完毕,很快就收拾行李,通知在北平的亲朋好友,辞去李苦禅在两所学校的教职,忙忙碌碌几天后,踏上了南下的路途。一路倒也顺利,抵达杭州后,林风眠和潘天寿看见李苦禅如约而至,大为高兴,忙不迭为李苦禅接风,安排食宿,带着他熟悉校园。

学校坐落在杭州西湖罗苑,前身为国立西湖艺术院,于1928年3月1日创立,设绘画、图案、雕塑、建筑四系。1928年秋开办研究部,增设音乐研究会及教职员研究室。1930年秋,改名为国立杭州艺术专科学校,并附设高级艺术职业学校。1932年添办音乐组。1937年抗战爆发后,学校迁诸暨、江西贵溪、沅陵。

1945年抗战胜利后奉令迁回杭州原址。1946年秋撤销国立艺术专科学校,恢复国立杭州艺术专科学校。1949年5月,该校由杭州市军管会接管。1950年11月改称中央美术学院华东分院,1958年改称浙江美术学院,1993年更名中国美术学院。

刚到学校没几天,李苦禅马上就爱上了这个地方。他被林风眠聘为国画系教授,与潘天寿一起负责整个国画系的教学和研究工作。李苦禅很快就进入了角色,融入了学校老师队伍这个集体,并与潘天寿结为好友。

上课的时候,操着一口浓重山东口音的李苦禅力求教学生动活泼。他第一节课没从绘画开始,却给学生们讲起了"人品与画品的关系",从做人的原则,人在社会上安身立命的角度以及画家的艺术修养讲起,教导学生注重专业,更要注重做人。

李苦禅不仅画艺精湛,而且人格质朴。李苦禅一生最崇敬的古代爱国英雄有两位,一位是岳飞,一位是文天祥。特别是对岳飞,他多称"武穆将军"。李苦禅在国立杭州艺专时,就租住在岳庙后面的小楼上。每日清晨,他必先绕到岳庙前门,至岳将军父子墓前肃立片刻,旋即转身至奸臣秦桧跪像前唾骂汉奸,然后再去上课。他在课堂上对学生们说:"人,必先有人格,尔后才有画格;人无品格,下笔无方。"他还拿西湖边跪着的秦桧举例:"(秦桧)并非无才,他的书法相当不错,只因人格恶劣,遂令百代世人切齿痛恨,见其手迹无不撕碎如厕或立时焚之。据说留其书不祥,会招祸殃,实则是憎恶其人,自不会美其作品了。"

李苦禅心地宽厚,待人诚挚,尤重信义,言出必行,不计得失。他长于画鹰、竹、莲、梅等题材。鹰是阳刚的化身,竹是刚正不阿的象征,莲喻示了出淤泥而不染的高洁情操,梅则表现了坚贞不屈的品格。画品如人品,这也正是他人格的真实写照。他到杭州任教授后,每月薪水领300大洋,生活没问题了,就经常帮助自己的学生。有一次,有个叫李霖灿的学生交不起学费,李苦禅就直接找到教务处,说:"从我的薪水里扣。"还立了纸条为证:李霖灿学费由我薪金项下扣除。落款李苦禅。多年后，李霖灿在台北故宫博物院任副院长，写下纪念李苦禅的文章，外界才知此事。

　　为了使学生尽可能地多学东西，李苦禅采取了亲手示范、边教边画的办法，学生有不明白的，他立即挥毫示范。所以，他的学生几乎每人手上都有他的原作，少则三两幅，多则十来件。课堂上，李苦禅注重生动活泼的讲课方式，尤其爱用中国戏剧来启发学生的思维。他早年间知道的戏谚散论、即兴创作和赶场故事，在课堂上如数家珍、信手拈来，让人豁然开悟，更如醍醐灌顶。在讲人物画时，他边说边做示范动作，习武的架势，自然生动地显现出来，引得全课堂上学子们欣喜万分。为看清李苦禅形体动作，后排的众学生纷纷登上座椅，看得明白，听得入神，有人竟在笑声中椅倒人落地。顿时，课堂呈现一片和谐欢笑的场面。

　　为了突破画界陈陈相因的陋习，李苦禅在艺专教务会议上提出将中西画合并排课的建议，并带领学生到西子湖畔写生，力促中西绘画之融合。李苦禅虽强调写生，但并不以写生为目的，而是希望通过速写去师法自然，体会造化，进而达到物我交融的境界。"有不少人在速写上很有功力，却一辈子也画不到宣纸上去。为了留住速写感受，我往往在速写回来之后立即进行笔墨练习，在宣纸上反复琢磨。久而久之，就能用笔墨深入地表现自己的速写体会。"

　　应该说，杭州时期，是李苦禅生命中很重要的一个阶段。没有了衣食之忧，生活安逸无压力；教学间隙与其他教授的切磋，也间接推动了李苦禅，能够更加专注地探索中国画变革之路。靠着早年打下的坚实写生功底，他开始深入研究禽鸟结构，观察其动态与习性，尝试把写生与中国画的笔墨进一步融合。

　　国立杭州艺专坐落于西子湖畔，窗外就是湖光美景。李苦禅为了研究和写生，居然饶有兴致地在湖里养了两只鱼鹰。但西湖是公共场所，不允许放鱼鹰。李苦禅就跟巡警说："老总，通融下，这是为了让学生好好画画。"后来，关系处理好了，巡警不但不阻挠，还帮着他想办法，说道："这样吧，我上岗时候您放

李苦禅作品《荒渚水禽》

着,换岗了赶紧把鱼鹰弄回去,千万别被其他人发现了。"

在杭州艺专,李苦禅白天带着学生上课,晚上及周末就自己作画,精进自己的技艺。他终于实现了久违的理想,见到了倾慕已久的潘天寿。两人年纪相仿,绘画上风格也相近,教学思想颇有共通之处,很快成为好朋友。有一段时期,两人每天晚上都要在宣纸上进行一场"赛墨"比试,就共同的题材各自表现。李苦禅把潘天寿的画寄给齐白石看,齐白石看完后,在回信中盛赞潘天寿的天分和胆量。

林风眠聘请李苦禅来到杭州,分担了潘天寿繁重的教学任务。李苦禅与潘天寿两人都是画大写意的,审美取向上颇一致。潘天寿其人看似温和寡语,其实个性突出、脾气倔强,个人气场极其强大。他擅用大笔画大画,大写意国画有着强烈而独特的个人风格。李苦禅日后成为与潘天寿齐名的大写意花鸟画家,号称"南潘北李",实际上,杭州艺专时期,李苦禅名气不如潘天寿,艺术上,李苦禅也从潘天寿处学习很多。最为明显的,李苦禅学到了潘天寿的以褚石为基调的染色法,在笔墨、构图、题材、用色等方面,也带有明显的潘氏风格特征,所以有人还以为李苦禅是潘天寿的学生。直到晚年,李苦禅启用了超级大写意笔法,这才摆脱了潘氏的烙印。

许多人常将潘天寿、李苦禅的大写意画并提,实际上,二人艺术的观念上不无相通,而在艺术的表现上却两峰并峻,风格绝不近似。潘天寿以险绝奇秀见称,而李苦禅则以雄浑朴厚见长。潘天寿称自己的画"一味霸悍",这句自谦的话,实则另有深意。霸悍,正是潘天寿艺术最迷人之处,如做人一般,宁愿霸道,也绝不流俗。

第六节

因戏结缘盖叫天

1932年,妻子凌嵋琳为李苦禅诞下一子。因出生在杭州,李苦禅为儿子取名李杭。早年肖氏为他生了个女儿,如今又多了个儿子,李苦禅儿女双全,心中甚是喜悦。他作画、教学的劲头更足了。教课之余,李苦禅不忘习武、学戏,每天的时间都安排得满满的。李苦禅喜欢交友,人缘也极好,不论何种出身,也不管从事什么职业,只要是脾气投缘,他都能和对方交上朋友,相处甚欢。一到周末休息,他那间小小的会客室,经常是高朋满座,欢声笑语。

除了画画和习武,李苦禅一生中最大的爱好就是演戏了。他从小就喜欢中国的传统戏曲,日后还将戏曲中的美与绘画结合起来,提出了许多标新立异的艺术观点。正是在杭州任教期间，李苦禅结识了著名京剧表演艺术家"盖叫天"。"盖叫天"原名张英杰，号燕南。1888年生于河北高阳县，长期在上海、杭州一带演出，有"江南活武松"之誉。

"盖叫天"继承了南派武生创始人李春来的艺术风格，又广泛吸取京剧与昆曲等地方戏中各流派武生和其他行当表演艺术的长处，并借鉴武术。以丰富的武打技术和人物形体美的造型，逐渐形成了独具特色的"盖派"表演艺术，擅演全部"武松"戏（包括

李苦禅作品《菊放三秋》

《打虎》《狮子楼》《十字坡》《快活林》等）。李苦禅原名李英杰，与其同名，加之李苦禅小时候受家乡文化影响，对武松的形象也非常喜欢和敬佩。二人结识后，成为好朋友。李苦禅经常向"盖叫天"请教京剧表演艺术，还几次邀请他来艺专指导学生们排戏。

在讲述自己喜欢戏曲的经历时，李苦禅曾说道："早在少年时代，家乡常演河北梆子或京戏。尤其在修庙完工之日，庙前要唱好几天戏，周围几十里的老乡都赶来观看，我自不例外。从此便对戏曲艺术产生了强烈的兴趣。""我22岁那年赴北京学艺，进了国立艺专，正式跻入了美术界，但对京戏仍然有着浓

厚的兴趣。为了深入了解京戏，我常找行家来说戏，自己也试着粉墨登场。曾请杨派的丁永利先生给我说过戏，也和侯喜瑞、高庆奎、李洪春诸先生有过交往，不时聊起戏中的奥妙，受益良深！""1930年，在杭州任教授时，常去西子湖畔'活武松'张英杰（盖叫天）家聊戏，亦获益匪浅。北平沦陷之后，我辞去一切职务，卖画为生之余也不忘学戏。这既是爱好，也是一种国破家亡的精神寄托。那时我常在前门老爷庙中，请武票纪文屏先生和短打武生票友刘俊甫先生说戏。"

不仅学，李苦禅还上台表演，将学到的知识实践。"1930年，在杭州任教授时，曾在杭州艺专业余剧团上演的《白水滩》里扮十一郎。记得在《别窑》里扮薛平贵时凭着自己的体会杜撰了一个上马的身段，竟然博得了一个满堂彩，实出意外！我还壮着胆子扮过《铁笼山》里的姜维。"

李苦禅收藏有许多京剧的演出服装和行头，对京剧表演理论研究很深。当年仅为研究京戏的

李苦禅扮演《铁笼山》中的姜维

造型，曾用了几十年功夫搜集"脸谱"，也自画过"脸谱"，以备出版成册；而今虽已损失大半，但它对李苦禅的深远影响却不可磨灭。京戏虽是从历史生活中来的，却不是把生活原样搬上舞台。它从行头、把子、道具、扮相、脸谱到唱、念、做、打，都与生活迥异而大大地夸张、规范、装饰化、舞蹈音乐化了。其中吸收了许多传统艺术成分，变成了一种综合的时空艺术，从而加强了艺术感染力。大写意也绝不以写真为极则，乃将意中的美形象归纳、选择、改造、综合，"妙在似

与不似之间"。画家应是自己画面的上帝,可创造自己意中的万物,古人谓之"意象"。譬如齐白石的"虾"世上本没有,它是大对虾与小河虾综合的形象。李苦禅画鹰即循此意,将几种鹰、雕之雄猛健美之处合而为一。

在谈论戏剧与绘画的关系时,李苦禅更是深有体会。京戏是写意的戏,是很高度的综合艺术。要想画好中国画,除了打好一切有关的基础之外,最好还得懂点京戏。中国写意画早已达到了追求气韵(神韵)的高度艺术境界,倘不知京戏,则很难体会到这种深邃的境界。举例说,京戏的本子原是一定的,程式要求也颇为严格。对此,艺术修养差的则只在路数上下功夫,做些"形而下"的表演过程。于是徒见其形,了无戏味。反之,那些造诣甚深的名角,则会在同样的一板一眼、行腔用字间以似有若无的微妙变化给人以别开生面、余味无穷的感受。其美妙之处真是无之不可,寻之又"无",已达"形而上"的高度了。在"狂草"艺术行笔的"龙蛇竞走"之间,在书法笔趣入画的大写意笔墨中,也有类似的情形。如此神韵,只是就画论画便不易觉察,倘以京戏艺术与之相互参照则很便于体会。此外,尽管京戏表演如同写意画一样需有深厚的功底,但绝不愿意在台上(纸上)显功夫,露"花活",而追求自然归于化境。

李苦禅极为推崇"艺德",认为先讲人品才能再讲画品,并且以"戏德"做比喻:画好画尤须先有人格而后才能有画格。梨园行的从来都讲究个"戏德",无此则没人理他了。梨园名角们很重视多方面的艺术修养。若是干艺术的目无群众,汲汲名利,巧伪钻营,自吹自擂,是无以提高格调的。盲目崇外,了无民族自尊心也是与艺术无缘的。心灵不美,遑言善美?我们还可以明显看到,作为写意画,历来最忌"胸无点墨"。古来写意画往往以诗的气质作画。大写意是多方面修养的结晶,殊非"傻小子睡凉炕,全凭气力壮"。京剧艺术可供画者借鉴的东西实在太多了。

艺术从来都是来自生活,又高于生活。李苦禅热爱生活,追求生活中一切美的东西。顺境中如此,逆境中也如此。20世纪70年代,他不可避免地受到冲

李苦禅作品《坐禅图》

击,下放劳动,离开他热爱的美术教育岗位,但他仍然坚持习武和练戏,晨练时,地上随便捡根树枝儿,当作赵子龙的亮银枪舞一舞,保持腕力和臂力。在那些饱受凌辱的非常岁月里,李苦禅靠着对生活的热爱,对于戏剧的不懈追求,保持着豁达开阔的心胸。戏如人生,人生如戏,舞台上能骑马杀贼,舞台下也能够坚守梦想。他能够坚持挺过那段岁月,迷戏之功不可没。

正因为对于传统书画和戏曲都有着深刻的艺术实践,所以李苦禅对于两种艺术的领悟和见解也不是一般意义上的泛泛而谈。李苦禅的大写意花鸟画用笔干净利落,笔墨雄酣霸气,这也与他在戏曲表演中惯演武生的审美风韵相一致。他常以拳参画、以戏参画,在画中于险绝之处别开生面,使二者相互融汇生发。

晚年的李苦禅虽然不能登台表演,也一直保持着对于戏曲事业的关注,常与梨园界和戏剧界人士沟通交流。还招收了一大批的梨园弟子教画,其中包括著名京剧武生袁金凯、话剧表演艺术家蓝天野等,他们都在书画方面或受教,或请益过他。20世纪的画界诸家,与梨园交游如此之深的,唯李苦禅一人而已。

直到李苦禅逝世之后,后人在为他举办纪念活动时,除书画展示之外都还要有另外一个亮点,那就是戏曲演出。1993年在纪念艺术大师李苦禅逝世十周年的回顾活动中,筹办方组织上演了其生前多次演出过的大武生重头戏《铁笼山》,另外还有一出就是他生前最为赞赏的、明代大艺术家徐渭的代表作《四声猿》。2009年纪念李苦禅先生诞辰110周

著名表演艺术家蓝天野也曾是李苦禅的学生

年纪念展在沈阳、杭州与北京巡回举办,组织者又在北京中国戏曲学院举行了传统经典曲目的演出。锣鼓开处,聚光灯下,跳出那闪亮的形象,念出那铿锵的韵白,令人回想起大师笔下的旁逸侧出和彩墨灵光。画耶,戏耶,手、笔、彩、墨一起舞动起来,把人带入另外一个世界。

  画画、练武、习戏,是爱好,是人生的修为,更是文化的历练。李苦禅认为,中国文明最高尚者不在画,画之上有书法,书法之上有诗词,诗词之上有音乐,音乐之上有中国先圣的哲理。老庄、禅、《易》、儒,才是中国文明的根基与魂魄。要想画好文人画,必定有以上四重之修养才能高明。了无中国文明自尊心者与此无缘,勿与论者。大师的话,放在今天来看,实在是振聋发聩,金玉良言。凡预想于中国艺术求得至上成就,必先有中国文明之自尊,树中华文明之自信,一味崇洋媚外、自我矮化的妄自菲薄者,是无法重振中国文明及中国艺术之雄风的。

第四章

慷慨激昂
KANGKAIJIANG

作为一个在学生时代参加过"五四运动"的爱国者，李苦禅对于校内的这些学生，不仅同情，还公开支持。他在西湖边租住的房子，渐渐成为掩护学生们活动的基地，或存放重要的传单、文件，或为学生提供召开会议的地点。李苦禅知道自己的学生在干什么，他不避风险，不但在学生们开会时放风、站岗，还为秘密组织出谋划策。

第一节
重返北平

李苦禅在杭州教学的第二年，中国发生了震惊中外的"九·一八"事变。1931年9月18日，日本关东军精心策划阴谋，由铁道"守备队"炸毁沈阳柳条湖附近的南满铁路路轨，并嫁祸于中国军队。这就是所谓的"柳条湖事件"。日军以此为借口，向驻守在沈阳北大营的中国军队发动突然进攻。由于东北军执行蒋介石的"不抵抗政策"，当晚日军便攻占北大营，次日占领整个沈阳城。日军继续向辽宁、吉林和黑龙江的广大地区进攻，短短4个多月内，128万平方千米、相当于日本国土面积3.5倍的中国东北全部沦陷，3000多万父老成了亡国奴。此后，日本在中国东北建立了伪满洲国傀儡政权，开始了对东北人民长达14年之久的奴役和殖民统治。

"九·一八事变"是日本帝国主义长期以来推行对华侵略扩张政策的必然结果,也是企图把中国变为其独占的殖民地而采取的重要步骤。事变发生后,全国人民敲起警钟,"中华民族到了最危险的时候!"越来越成为华夏儿女的共识。在国人民族危机感逐步加深的过程中,民族责任感也迅速提高,并付诸实践。许多爱国知识分子积极发表政见和主张,呼吁全国人民"彻底明了国难的真相!""人人应视为与己有切肤之痛,以决死的精神,团结起来做积极的挣扎与苦斗",广大民众和各界人士以各种形式积极投身抗日救亡运动。

李苦禅身在南方杭州,对东北发生的这一事件也有着切肤之痛。他痛恨日本帝国主义对中国的侵略,痛恨当局的"不抵抗政策",致使大片国土沦丧。此时的杭州艺专内,许多爱国学生已经行动起来,抗议当局的卖国政策。最为著名的,当属以地下党员房士圣为领导的青年学生抗日秘密团体。房士圣、宋步云、王式廓和王仙坡四位来自山东胶东的青年,在校内被群众誉为抗日"四大金刚"。

"九·一八"历史博物馆

李苦禅作品《碧崖白鹰》

宋步云1910年出生于山东潍坊,"九·一八"事变后,山东广大学子响应北方学生运动的号召,走出课堂,组织请愿团赴南京向国民政府请愿,要求政府出兵抗日,遭到山东军阀韩复榘的镇压。宋步云作为请愿团的联络员,和全体请愿团员一起在济南坚持卧轨斗争,并得以奔赴南京。平津、山东爱国青年学子聚集南京,举行了声势浩大的示威游行,在遭到政府当局拒绝后,学生们愤然砸毁了当时的中央日报社、国民党中央党部及外交部。最后,学生均被押送返乡。第二年,宋步云和其他几位同学来到杭州,一边学习美术,一边继续从事爱国运动。由于他们活动积极,遭国民党特务分子严密监视,并屡屡下手欲将之一网打尽,处境极其险恶。

作为一个在学生时代参加过"五四运动"的爱国者,李苦禅对于校内的这些学生,不仅同情,还公开支持。他爱憎分明,侠肝义胆,得到了房士圣、宋步云等同学们的信任。他在西湖边租住的房子,渐渐成为掩护学生们活动的基地,或存放重要的传单、文件,或为学生提供召开会议的地点。李苦禅知道自己的学生在干什么,他不避风险,不但在学生们开会时放风、站岗,还为秘密组织出谋划策。

有一次,学生组织在教室举行全体会议,商议一个重要的活动,研究明天如何出去散发革命传单。由于走漏了风声,特务分子提前得知了集会的消息,就秘密潜入学校,将教室包围了起来,打算对学生们下手。当晚,李苦禅正巧在校园里散步,他无意中发现了学校门口停着的警车,马上警觉起来。他灵机一动,端着水杯,提着画册和教材,大步跑到学生们开会的楼上。学生们此时正在开会,对外面的危险丝毫不知。一看来的是李教授,心里松了一口气。李苦禅来不及多问,对学生们说:"你们赶快离开这里,很可能要出事。"

话音未落,一阵快速杂乱的脚步声传来,七八个便衣特务闯了进来。同学们很紧张,教室里鸦雀无声。这时,一个学生手里的一张组织名单掉落在地上,李苦禅见状,不慌不忙走过去,用双脚踩住了那张纸。他假装正在上课,对同学们大声讲道:"我再给大家重复一遍刚才讲过的话,构图总在纸面上打主意,那就再小气不过了。要大胆地画出去,再画进来,从画外找画,气魄就显得大了……"

一个特务小头目满腹狐疑,走到李苦禅身边问他是什么人,李苦禅淡定地说:"我是艺专教授李苦禅,正在给学生们补课。"

"补课?大晚上的,你补什么课?"特务没想到教室里还有一位年长的老师,但还是怀疑学生们在从事"非法"活动。

"我给学生们讲的是人格和画格!为什么首先要讲人格?大家学的是美术,如果人格不高,不热爱自己的国家和民族,你也学不好画不好!"李苦禅提高了声音,嘲讽眼前的这一群穿黑衣的特务们。

小头目被李苦禅说得脸上红一阵青一阵,恼羞成怒下命令,对学生们一个个搜身检查。他们对每个学生都翻了个遍,结果什么也没有搜到,小头目无可奈何地望了望李苦禅,又扫了一眼,灰溜溜地走了。

事后,李苦禅诚恳地嘱咐学生:"你们的爱国之心我能理解,但是一定要注意安全,提高警惕,不然的话,做不成事还危及生命!"

还有一次,一个学生到李苦禅的宿舍请教,笔记本忘记带走了,李苦禅打开一看,里面记录了不少对当局不满的话,他赶快把本子藏了起来。没一会,那个学生紧张地找来时,李苦禅警告他说,做事不能毛毛躁躁,如果这个本子落到坏人手里就麻烦了,下不为例,一定要妥善保管。

1932年夏天,李苦禅由杭州回北平过暑假。一天早晨,他从外面练功回来,刚用过早饭,忽然看见一个学生匆匆来到家门口,是杭州艺专的学生沈福文,他也是利用暑假到北京来参观一些古代传统艺术展览的。此前,沈福文接到同学来信说学校准备让他退学,原因与他参加"一八艺社"有关。原来李苦禅到杭州之前,学生陈坤卓等人于民国十八年(1929年)在杭州艺专组织成立了艺术团体——"一八艺社",沈福文、胡一川等都是重要成员。参加"一八艺社"的大多是进步学生,因为受到鲁迅先生的支持,便引起了国民党当局的注意,浙江

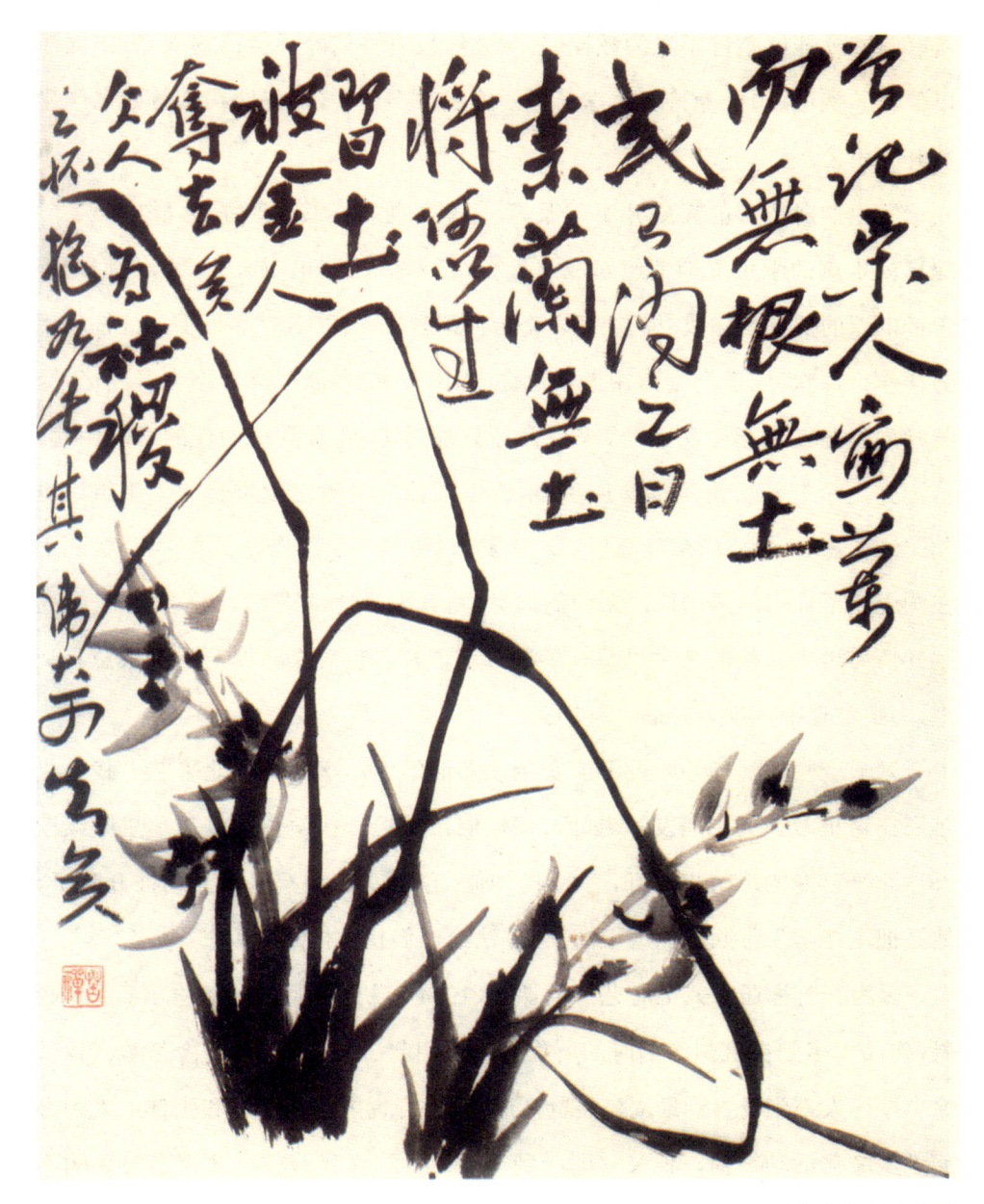

李苦禅作品《墨兰图》

省党部派张彭年到艺专任训育主任,和特务们一起监督进步学生。李苦禅听沈福文说了有关情况后,非常气愤,立即提笔给学校领导写信,说沈福文虽是"一八艺社"成员,但无任何越轨行为,该生应该继续留校读书云云。而后,他又多次联络其他能够主持正义的教授们,一起给校方写信陈述自己的观点,出面予以保释。然而,国民党特务对李苦禅的陈述并不理会,最终沈福文等6名学生被开除出校。

学生们对特务的淫威并不屈服,反而更加抱成一团,曹白、力群(郝立春)等喜欢木刻的学生又悄悄组织成立了"木铃木刻社"(也叫研究会),他们把李苦禅上课的课堂当作成立的会场。李苦禅把教室门插上,在靠近窗户处挥动手势佯作讲课状,同学们则围在火炉边宣告"木铃木刻社"成立。据力群回忆,因苦禅先生与左派学生房士圣、宋步云等关系密切,经常到他们住的房间闲聊。苦禅先生了解到房士圣也参加了"木铃木刻社",便对这个进步的学生组织更加关注了。一次,力群在班里画了一幅国画《乞丐》,李苦禅看了非常喜欢,随手在画上题了杜甫的两句诗:"朱门酒肉臭,路有冻死骨。"当时,力群对李苦禅先生同情穷苦人和他的艺术思想有了进一步了解,也对李苦禅产生了敬意。后来,力群被逮捕入狱,这幅画便没有了下落。

对于一些受到特务监视不能安全读书的学生,李苦禅到北平艺专找到当年还在这里教书的老朋友和老师,请他们帮忙把一些学生安排在那里继续读书。北平艺专的形势也不好,有的学生刚入学不久就因搞进步活动被开除了,他又把这些学生带回杭州或上海,想办法给他们找学校继续读书。

因为李苦禅还身兼上海艺专的课程,1934年初秋,他在上海举办了一次画展,作品大多是在杭州教书时的所作。画展引起了观众的注意,徐悲鸿、田汉、徐志摩等人都到场参观助兴。展览正进行时,听说内弟凌子风和张仃二人因参加进步文化活动被捕,他又立即赶到苏州反省院保释营救,此事当时影响不小,惊动了当局。

第二节

遭遇婚变

　　由于李苦禅屡次公开支持学生运动，当局几次三番找到学校，施加压力，并安排特务们暗地里监视。为了不连累老校长林风眠，1934年，李苦禅被杭州艺专解聘。此时，远在北京的徐悲鸿先生知道了李苦禅被学校辞退的事情。由于李苦禅已经被特务盯上，担任北平艺专院长的徐悲鸿决定让他先暂时避一避风头。徐悲鸿写信，让李苦禅到他南京的寓所暂时居住，待形势缓和一点后再从长计议。

　　李苦禅把自己饲养的几只八哥放归了山林，把鱼鹰送给了湖畔附近的渔民们，他要先为这些陪伴他写生的动物朋友们找好归宿。1934年，李苦禅携妻挈子，离开杭州，前往南京。

李苦禅与长子李杭

李杭后来也成为了当代著名中国画画家

对李苦禅来说，人生似乎又进入了一个循环。在杭州的 5 年，生活较为安逸，艺术上也进步很大，杭州的山山水水都是他的最爱，就此离开，他实在舍不得。然而这里已经没有他的容身之地，不走是不可能的了。但是，走去哪里呢？哪里能容下他爱国的热情与对艺术的不懈追求呢？离开前，面对西湖平静的湖水，提着简单的行李箱，即将踏上旅途的李苦禅，没有杜工部的"却看妻子愁何在，漫卷诗书喜欲狂。"他的脑海里，只浮现出白乐天的两句词："郡亭枕上看潮头，何日更重游？"

离开杭州的李苦禅一家，在徐悲鸿的帮助下，暂时来到南京安身。没有了收入，一家人的生活成了问题。李苦禅联系了济南的同学，开办个人画展，售卖作品，换取收入。1935 年，凌嵋琳在南京生下次子，因孩子出生在南京，于是起名李京。为了养活女儿和两个幼子，还要继续从事革命活动，李苦禅只好经常在外出差，以应付沉重的经济压力。由于李苦禅长期不能在家，抚养孩子的重担更多落在了凌嵋琳的肩上。

时间一长，凌嵋琳的内心世界发生了

变化,她与李苦禅的感情也渐渐产生裂隙。可惜,李苦禅忙于事业,也缺乏对妻子变化的细微观察。凌嵋琳祖上为驻京官宦,也算书香门第的出身。与李苦禅结婚后,当一见钟情的感情消减,分歧和裂痕也就渐渐产生。凌嵋琳理想中的夫妇生活,是花前月下般的诗情画意,是举案齐眉的双飞双栖。可是,结婚后,李苦禅整天忙着和一帮画友、票友作画说戏,从没有时间陪凌嵋琳逛过公园或出去吃饭。他们租住的两间小屋整天宾客不断,不管是拉洋车车、蹬三轮的,还是练武的、卖泥人的,李苦禅和他们一聊就是大半宿,晚了就留人家在家过夜,还把凌嵋琳赶到岳母屋里去睡。

最使凌嵋琳恼火的是,从北京来到南京后,李苦禅热衷于各种活动,不断被南京政府迫害和调查,即使这样,仍然用自己的薪水资助学生。凌嵋琳感到越来越乏味,当初笼罩在李苦禅身上的让她感到神秘炫目的光环没有了,她现在看到的是实实在在的土得只会说"俺"的李苦禅。

恰在这时,一个叫张若谷的国民党军官闯进了他们的生活。张若谷人长得英俊,但生活穷困潦倒,最初拜访李苦禅是为了向他学习绘画。一向待人热诚的李苦禅真诚地接待他,经常留他在家吃住。日子一久,凌嵋琳对婚姻的失望和哀怨引起了张若谷的注意。李苦禅到杭州后,他以请教凌嵋琳画艺为由,往凌家跑得更勤了。1934年,心生异梦的凌嵋琳登报与李苦禅解除了婚姻关系。

1934年秋,李苦禅忽然接到一封匿名信,打开信封一看,是两块剪报,一张是离婚启事:"凌嵋琳与李苦禅因志趣不合,夫妻感情实难维系,特此登报离婚。"一张是结婚启事:"张若谷与凌嵋琳已于上周正式结婚,组建家庭。至亲好友不及一一通知,特此敬告。"

看到启事的李苦禅又气又急。妻子这个不打招呼的闪电离婚,彻底撕碎了他的心。顾不上多想,李苦禅火速赶回南京,他要把自己的孩子们要回来。紧赶慢赶,当李苦禅赶回南京的家后,眼前的景象令他悲愤交集。家中一片狼藉,妻子不知去向,3岁的长子李杭饥渴数日、一身污垢,襁褓中的次子李京奄奄一

李苦禅李惠文结婚照

年轻时的李惠文

息。就在回北京的火车上,李京不幸夭折。李苦禅抱着李杭心如刀绞,从此自号——励公。

　　这次长达6年的失败婚姻,对李苦禅的打击很大。他心灰意冷,很长时间都不愿谈及感情之事,一直自己抚养孩子。8年后的1942年,李苦禅为支持地下抗日,在济南开画展,经人介绍认识了后来的终身伴侣李惠文。李惠文原姓王,幼年丧父,后随母改嫁到张家口兵工厂小学校长李省三先生家,改名李惠文。

　　李省三参观画展时,一见到李苦禅的作品就极为欣赏,两人一见如故,聊了很多。交流中,李省三得知李苦禅至今还是孤身一人带着两个孩子,他觉得李苦禅是一个有责任感可以依赖的男人,就想把女儿慧文介绍给他。当时,24岁的李惠文刚从德州博济医院高级护士学校毕业。李苦禅听到提亲的事,虽感到孩子们的确是需要个妈妈了,自己也不能长久一人了,可李惠文年方二十四,而他自己已年逾四旬,不单一贫如洗,还在被日本鬼子盯梢,这样的生活如何能……李省三先生提议成不成看姑娘的,先见上一面再说吧。

　　见面后,虽然李惠文同李苦禅年龄上有些差距,但相同的命运、同样的苦出身,把他俩的心拉近了。认识半年后,这年11月,二人在济南芙蓉饭店举行了婚礼。结婚后,李惠文默默承担起了支撑家庭和照顾李苦禅的重任,相夫教子，贤惠淑良，尽力做好贤妻良母的角色。这场平实、自然的婚姻，也如李苦禅笔下的大写意那样，一直持续到他生命的终结。

　　与凌嵋琳离婚后，由于无处栖身，李苦禅只好带着孩子李杭回到北京，找到柳树井二号凌家。凌嵋琳的母亲凌老太太听李苦禅讲完整件事情后，不仅没有恩断义绝，反而如慈母般接纳了这对苦命父子。老人家主动承担了抚养李杭的责任，让李苦禅脱身出来作画，她还将家中的小南屋清理出来给李苦禅居住。就这样，李苦禅和李杭在凌家一住就是8年。这期间，这间小屋成了党的地下转送站。

　　李苦禅不仅为党收集和传递情报，家中还掩藏过创办《好孩子》杂志的党员同志及二十九军军官袁祥峰等被日伪通缉人员。曾经是抗大学员、后任河北省妇联领导的郝鲁伟，和李苦禅是邻居，喊他"二哥"。1927年，郝鲁伟参加了革命，成了中共领导的北方"左联"成员。北方"左联"创办《好孩子》杂志缺钱，她就去找李苦禅帮忙。当时，李苦禅也不宽裕，但是倾囊相助。北方"左联"办读书会、报告会需要找会场，李苦禅就利用画家的身份，找熟人借场子。李苦禅家有一个大笔筒，有了银圆他就往里面扔。当时有的同志撤走需要经费，他就从大笔筒里拿钱。有一次需要的经费多，他把大笔筒里的钱全倒出来给了地下党做经费。结果到了吃晚饭的时候，他才发现家里一分钱都没了，只好到郝鲁伟家蹭了一顿。

第三节

不做亡国奴

"七·七事变"后,北平沦陷,日军肆意杀戮、疯狂掠夺、奴役毒害百姓,千年都城,不幸陷入日军的魔爪。日本帝国主义对北平实施经济掠夺,对人民实行奴化教育,妄想将这座伟大的历史名城变为"大东亚的王道乐土"。

"我不怕穷,不怕苦,我只是怕丢了咱们的北平城!一朵花,长在树上,才有它的美丽,拿到人的手里就完了。北平城也是这样,它顶美,可是若被敌人占据了,它便是被折下来的花了!"老舍通过《四世同堂》人物的口,说出了抗日战争期间北京(时称北平)沦陷后北京人的心里话。

看着满城的膏药旗和耀武扬威的日本军队,李苦禅恨不得化身为战士,与侵略者拼一个你死我活。他心里暗暗立下誓言，即使饿死、被打死，也不能出卖祖国，与日伪同流合污。李苦禅断然辞去了北华美专的教职，这是一份刚刚找到的工作，他宁愿没了收入，也不想为已经接管北京文化教育的那些人有任何关系。

1938年夏天的一天，两个陌生人来访，要找李苦禅。他们不由分说，推开随墙的小街门，踱着四方步，趾高气扬地对小南屋喊道："李苦禅先生在吗？您有好事了！"

没等主人回话，一高一矮两个家伙就径直闯进了小南屋，对正在临帖习字的李苦禅大声说："您就是画家李苦禅吧，我们哥俩儿是新民会的。李先生，今天我们特来通知您，上峰想请您到我们新民会做事。"

李苦禅不听则罢，一听一股无名火涌上脑门儿。李苦禅把手里的毛笔"啪"的一下扔在了纸上，噔噔几步就走到小屋门，一边掀起竹帘，一边对着这两人说："我李某只会画画儿，不会当官。我说二位，没别的事就请便吧！我没闲工夫磨牙！"

中国军队在卢沟桥抗击日军进攻

李苦禅作品《赤峰之鹫》

这架势，明显是下逐客令。看见李苦禅的态度，高个子涨红着脸说："你别敬酒不吃吃罚酒。你知道和新民会对着干的后果吗？"

"哟，我李苦禅怕天怕地怕父母，就是不怕什么新民会。"李苦禅语带讥讽，针锋相对地回答。

"行，你有种，你等着吧，可别后悔。"高个子恼羞成怒威胁道。

李苦禅两只手攥得紧紧的，瞪圆了眼睛，冷笑道："好，我等着，我早就不想活了，这种窝心的日子有啥意思，活着愧对地下的祖宗。"

两个人见李苦禅嘴里一句好听的没有，知道已经没有什么可聊的了，只好骂骂咧咧灰溜溜地离开了。

看见两人走了，李苦禅冲着两人背影唾了一口，心里想，你们终于还是来了，我李苦禅就是饿死，也不做狗汉奸、亡国奴。

这件事情发生后，新民会又派人来过一次，尽管软硬兼施，但李苦禅仍然冷脸相对，压根不松口。这新民会完全是日本人组织的一个汉奸组织，主要任务是防共反共，收买汉奸，搜集情报，宣扬"中日亲善"、"大东亚共存共荣"等奴化思想，在北京及华北推行日本的治安强化运动，镇压沦陷区人民的反抗。新民会打着文化机构的幌子，控制沦陷区各机关、学校、工厂、农村的社会团体，收买那些软骨头的所谓文化人，推行奴化教育和欺骗宣传。李苦禅对此看得清清楚楚，在北京沦陷的时日里，他宁愿忍饥挨饿，也不做半点违背民族大义和自己良心的事情。

李苦禅还收藏有一个日寇制作的"纪念牌"，铜铸镀银，直径5.4厘米，重100克，正面浮雕上为冲破八角边儿的日寇战机，下为华北的山岳与交通路径地图，上刻文字"支那事变纪念，昭和十二年（1937年）"。此牌背面是一个全副武装、握着步枪的鬼子兵，正踏过象征华北农田的高粱和长城，地下俯卧着一位背着大刀的中国士兵。日寇的强盗气焰十分嚣张！据李苦禅的儿子李燕教授回忆说，李苦禅收藏着这块牌子，就是想留给晚辈，让他们记住："这是敌寇的罪证,留着它可以不忘国耻!"

随着北平沦陷,日军进城,一些骨气与民族气节都呈"五短身材"状的文人、学者纷纷"下水",开始与日寇狼狈为奸,但是,更多的文人学者,以手中的笔为枪,用另一种方式同日寇做斗争。日寇占领北平后,京剧大师梅兰芳先生蓄起胡须,隐居于北平郊外,誓死不出来唱戏。"四大公子"之一的张伯驹为了保护国宝《平复帖》,将文物缝在了棉袄中,一路提心吊胆地从北平逃难到西安。

早在北平沦陷的1937年,李苦禅就开始了与日寇斗争。他在北平刚刚沦陷后,秘密帮助了一位爱国青年。

1937年7月28日夜,时任国民党第29军军官的袁祥峰因为休假,与驻守北平后来撤离的部队失去了联系。当时日本兵到处抓失散的第29军官兵,他进城找到了老朋友李苦禅,想在他家躲几天,等待时机再找部队。

北平沦陷后,日本宪兵到处贴布告:窝藏旧军人者同罪,举报者有奖。随着风声越来越紧,袁祥峰怕连累李苦禅,几次提出离开:如今风声太紧,很难找到时机回到部队,我还是走吧!你家里本来就困难,如今兵荒马乱,又多一张嘴吃饭,鬼子到处抓人,千万别连累你们。

李苦禅每次都坚定地说:你哪儿也别去!就是走,也得等我给你找好地方再走,你就先在我这儿踏实地住着,外面我想办法。

李苦禅想的办法,就是找到了他的学生黄骐良,让其帮助筹划出逃之事。黄骐良,名逸之,广东揭阳人。他和北平新街口教堂的黄长老是同宗乡亲,关系很亲密。其实,这位名字叫黄浩的黄长老还有秘密身份——八路军冀中军区"平津特派人员主任"。1937年5月,黄浩奔赴延安,途经陕西省三原县时见到彭德怀,彭德怀为黄浩题写"坚持抗战到底",并建议黄浩利用他在北平的社会条件,从事统战联络工作。黄浩肩负使命返回北平,以教会、中小学校、挑补绣工厂为媒介,为抗日根据地设立秘密掩护点十余处,接受为根据地运送医药、器械任务。黄骐良也是"黄浩情报组"成员，负责与根据地派来的交通员接头、传递消息。

黄骐良在李苦禅家见过袁祥峰后，认为袁是一位德才兼备的爱国热血青年。黄骐良先做通了袁的工作，推荐他参加八路军，后在黄浩安排下，由秘密交通线交通员护送，袁祥峰终于来到冀东抗日根据地，参加了八路军。

过了些日子，一天傍晚，袁祥峰突然悄悄回到北平，出现在李苦禅家里，让他吃了一惊："你不是参加八路军啦，怎么又跑回来了？"

"我这次回来，是奉命回来的。首长交给我任务，让我潜回北平，想方设法打入日伪军内部，搜集情报。您是著名画家，北平城里人脉广，帮我找找门路，打进敌人内部去。"袁祥峰将这次回来的目的一五一十地讲给李苦禅先生。

"我明白了，我一定帮你，这事儿也不是一时半会儿就能有眉目的，容我先托托人，慢慢来。"李苦禅真高兴，前方我们的战士在同日军拼杀，后方也有这么多同志们在冒着生命危险做工作。

李苦禅先是托关系给袁祥峰搞到了北平的"良民证"，让他有个身份在城里立足，然后又给汪伪徐州治安总司令王之青写信举荐。喜欢舞文弄墨的王，看在李苦禅国画大师的面子上，很快将袁祥峰安排到徐州治安总司令部所属的第二纵队，担任少尉副官一职。

袁祥峰到徐州后，做了大量情报工作，但苦于一时和中共地下交通站联系不上，手里许多有价值的情报送不出去。袁祥峰此时又想到了李苦禅，他借着给李苦禅写信的机会，将情报用密码的方式隐藏在书信中，然后再由李苦禅通过地下党组织转给八路军。这种办法用了六次，直到袁祥峰再次和地下情报站联系上为止。

不久，袁祥峰接到秘密指令，要求他回根据地汇报工作。由于没有合适的借口脱身，袁祥峰给李苦禅写了封信，请他给徐州发封急电，佯称"母亲病故，速返京治丧"。拿这个假电报为借口，袁祥峰获假顺利返回根据地，汇报完工作

抗日名将彭雪枫同志

后又回到了徐州。后来,袁祥峰又需要到新四军驻地去,还是用老办法,李苦禅发信,称家中有事约他到北平。袁祥峰请假后,转道神不知鬼不觉地来到了新四军第4师驻地。

后来,对袁祥峰在敌人内部卓有成效的情报工作,时任新四军第4师师长的彭雪枫赞扬说:"你在徐州等于一把刺刀,刺在敌人心脏一样。"其实,这里边也有李苦禅的一份功劳。几十年以后,袁祥峰曾经深情回忆说:"苦禅跟我那时配合得非常好……苦禅仍留在北平,他给党做了一些有益的情报工作,所以使我们党的地下工作很顺利。在那个环境下,苦禅是很苦的,也是很危险的啊!"

由于李苦禅经常接近进步师生,进而接触了一些中共地下党员。他把自己的住处,当作了党的秘密联络点。一些爱国志士,在这里藏身、过路,然后转移到根据地,奔赴抗战前线。他还利用自己的身份,为太行边区的白求恩医院购买急用药品。这一切,李苦禅从不计较得失,更不考虑个人安危,总是尽心尽力全力去做。

有时候,赶上李苦禅手头紧巴,为了给过路的同志凑盘缠,他就到当铺,变卖自己的衣物、物品换钱。他的家中，成为了来往于敌后的同志们的中转站，为了隐藏身份，便于转移，他利用自己的专业，给同志们"易容"：年轻人成了老头，读书人成了庄稼汉，常常弄得被化妆的同志对着镜子都认不出自己来。1938年夏的一天，三位女学生推开了柳树井2号的院门，怯生生地问道："苦禅先生在家吗？我们是来学画的。"

把三位女学生让进小南屋的画室后，李苦禅热情地问道："你们是想学禅画还是炭画？"三位女学生连口说："学炭画！学炭画！"暗号对上了。李苦禅明白地下工作的纪律，一不问她们姓名，二不问她们的去向，拿出银圆给她们做盘缠，还请她们吃了顿火锅。出发前，学生打扮太过敏感，不好过日伪的封锁线。为了掩护女学生安全到达抗日根据地，李苦禅拿出从当铺买回来的旧衣服，让她们换上，还为三位女学生化了妆，拿出画笔、颜料，一番鼓捣，三位女学生变成了三个"穷丫头"，就连她们对着镜子都认不出自己来了。地工组的交通员领走了三位女学生。李苦禅迅速将她们留下了的衣服、用具处理掉，画室又恢复了原来的模样。这是地下工作的要求：不留任何与画画儿无关的物件。

四十二年后的1980年4月，李苦禅收到一封信，是当年受他帮助前往抗日边区的三位女学生中的一位写的："倒回去四十多年，大约是1938年夏天，一个穷学生念不起书，想找革命出路。那时还是一个小姑娘的我（傅先芳）曾得到过您经济的援助。在临去解放区的头几天，您还为我们饯行，请我们吃了火锅。当时还有余鑫元、文敬之，不知您还能记起来吗？参加革命后我一直在部队文工团当演员。中华人民共和国成立后，我一直在东北工作，今年58岁了。前几天在电视里见您老，仍老当益壮，正挥毫作画，我不禁感慨万千。"

在北平，经李苦禅之手送出多少爱国青年现已无法统计。若不是当事人的来信，这三位女学生的故事也无人知晓。

第四节

支持抗日坐地牢

1938年1月，一位叫郝冠英的女士，来到柳树井胡同李苦禅的小南屋，对他说：共青团北平市委书记李又常交给她一项紧迫的任务，就是春节前护送一批同志去延安，可是缺少路费，必须在5天内筹集到2000元现款。事情紧急，没时间拖延，只好来找李苦禅。

李苦禅听完，二话没说，直接答复郝冠英："你可来巧了。我在天津办的画展卖了2000多块钱，昨天我的学生才送来，你拿去吧。"郝冠英接过钱，感激地说："二哥，我代表去延安的同志谢谢你。共产党不会忘记你的贡献。"当时4元钱可以买一袋面粉，2000元可不是个小数目。但是知道抗日组织需要，他毫不含糊就拿钱出来。

李苦禅对同志们慷慨，自己家却节衣缩食。有时家里的粮食吃光了，他就去粥棚舍粥，一旦舍不来，全家就要挨饿。1943年李苦禅罹患斑点伤寒，生命危急。他远在济南的妻子当时正快要生产，闻信后挺着大肚子赶到北平照顾。没有想到的是，李苦禅尚未脱离危险，他的妻子又因临产进了医院。当时李苦禅的钱都捐给了抗日地下组织，家中毫无积蓄。凌老太太变卖了家中所有，可根本不够医药费用，李苦禅的长子、只有十多岁的李杭，一面去所有可能借到钱的亲戚朋友家借钱，一面来往于医院和当铺之间。李苦禅后来回忆起这些事，感慨地对子女们说："共产党是最穷的党，什么工作经费也没有啊！全要靠自己想办法去筹集呀！我没别的本事弄钱，只有靠卖画挣钱筹集呀！""那时候讲'爱国'一词，真是沉甸甸的呀！"

1939年5月，一直暗暗支持抗日力量的李苦禅遭遇了他人生中的一次巨大危难。一名曾经去过李苦禅家，接受过他资助的青年学生在保定不幸被捕，说出了他家的地址。早就盯上李苦禅的特务机构得知这个消息，如获至宝，马上上报了日本宪兵队。

1939年5月14日黎明时分，日本宪兵对李苦禅下手了。一队全副武装的宪兵，在特务的带领下，悄悄摸进了柳树井胡同。日本宪兵翻墙入

抗日战争期间的李苦禅

李苦禅作品《竹石图》

李苦禅作品《灿烂秋色》

院，睡梦中的李苦禅听到院子里有动静，正要穿上衣服出去看看情况，就在此时，"砰"的一声，屋门被踢开了，一个日本宪兵蹿进来，举起藤条朝李苦禅劈面打过来。说时迟那时快，李苦禅躲开藤条，狠狠一掌打在鬼子胸口。又一个日本宪兵冲进来，又被李苦禅一脚踢翻。但是，猛虎难敌群狼。几个日本宪兵端着枪，一拥而上，逼住了李苦禅。就这样，李苦禅，还有当晚借住在他家的学生魏隐儒，一起被捕。

被捕后的师生两人，被关押在北大红楼地下室，这所昔日的高校，如今已经成了日本宪兵队本部的"留置场"。许多当时的抗日分子，都在这里死于日寇之手。

日本人想的简单，以为一个画家、文化人，只要加点皮肉之苦，很快就能招认，全部供出抗日的组织关系。可是，日本人想错了。审讯开始后，日本宪兵让李苦禅交代"私通八路"的问题。李苦禅自从被押上车送到红楼地牢的时候，就抱着宁愿牺牲不会投降的决心，他根本不承认"私通八路"，反而大骂日本鬼子。这把鬼子气坏了，撕去虚伪的礼貌"面具"，开始对他残酷动刑：灌凉水、压杠子、抽皮鞭，甚至往指甲里扎竹签。打晕过去了，就用凉水激醒，接着用刑。一同被捕的学生魏隐儒，也遭受了同样的酷刑，但也是一字不说。

当时的日本宪兵，发明了许多酷刑来折磨中国人。一般的刑罚是打嘴巴、过电、灌凉水。所谓过电就是叫人坐在椅子上，把电极拴在两手拇指上通电，让人五脏俱痛；所谓灌凉水就是叫人躺在长条凳子上，捆住四肢，头仰在板凳头下，鼻孔向上，一个日本鬼子骑在肚子上，另一个鬼子用水壶向鼻孔里倒水。还有一种特殊的刑罚叫'鸭子凫水'，是把在押者四肢从背后捆上，脸向下扔到大水池子里，淹个半死再捞上来审问。受过这种酷刑和灌过凉水的人几天都恢复不过来，由于肺里呛的水吐不干净，因而打嗝不止，痛苦万分。

李苦禅晚年，曾经就这段经历亲口说："七•七卢沟桥事变后，我就到庙里去住，日本人的事情我不做。我作地下工作只是个人义气，是革命的义气。日本人夜里就逮我到日本宪兵司令部去了。在哪儿呢？在沙滩儿红楼，50多年前我在那里上过课，文学课，文科大楼，下边是地下监狱，住了28天，死了多少次，灌水是常事，压杠子压了一次，压杠子，都昏死了，浇凉水，通身很凉，一泼水就缓过来了。那里每天8点钟上堂，下午是1点钟上堂。他们要枪毙的人，礼拜六就提出来到别的屋里去了，第二天早上就行刑。（上村）问我："苦禅先生，今天礼拜六，我救不了你了！"我说："上村！你们杀人的法子不是四个吗？一狗吃，二枪冲，三活埋，第四是砍头，你尽管用吧！我不怕这个！"

魏隐儒日后成为著名的版本专家。他于1989年在海外《中外杂志》三月号第45卷第三期发表了文章《热爱祖国慷慨好义》，提到了这段经历：1939年5月14日黎明飞来横祸，这天我恰留在先生家。身着中国黑大褂的日本宪兵，越房入院，踹开屋门，不问青红皂白，搜身后将我师生用一副镣铐绑架上了卡车，作为八路军重要案犯，关押在沙滩北大红楼底层宪兵队牢狱中。师生备受酷刑，棍打、鞭抽、灌水、压杠、火燎，刑讯逼供，罪名是"勾结八路军"。抽得我皮肉出血，昏迷过去。先生是个硬汉子，面对敌人破口大骂，坚贞不屈，用尽了各种刑具，也未逼出任何口供，因案情重大，硬是判成死刑。但因为没有任何证据，最后刑讯压杠子时铁链折断，据说他们迷信，从此不再用刑，改用交朋友方式，想放长线钓大鱼。先生和我都经住了这种严峻的考验，发扬了民族气节。日寇考虑到先生的社会影响，又查无实据，于是无条件地将我们先后释放。

被打得奄奄一息的李苦禅，在被关押近一个月之后，带着一身的伤痕，被家人接回家中。著名电影艺术家凌子风是李苦禅的妻弟，当时与他一起生活。凌子风说："日本人把他抓起来，抓起来以后，受了很多罪，灌辣椒水，打呀!几乎要了他命呀！"

凌靖（凌子风五弟）也回忆说："当年我们一看他浑身打得都肿了，浮肿了，身上这儿紫一块那儿青一块，那儿流着血，反正是打得相当厉害……那时候什么罪都受过了，往指甲心儿里面插竹签儿，那是很疼的，再有就是灌凉水，往鼻

李苦禅作品《雄风图》

子里灌辣椒水,昏过去,死过去多少次,泼凉水激醒了之后,再审问。至于打,那就是家常便饭。"

凌子风说:"他坚持不给日本人干事情,不给日本人画画。一直到日本投降,生活很苦,但他是个硬汉子,这个人是一个真正的艺术家,是了不起的艺术家。"

虽然没能从李苦禅口中获得情报,但日本人并不甘心,李苦禅出狱后,宪兵队加紧了对他家的监视。日本鬼子释放他的目的,就是想用李苦禅做诱饵,以便于逮捕和他接头的人。一个日本宪兵几次来到他家,表面上只是看看画、聊聊天,实际上就是找线索摸情况。宪兵队的一名中国翻译也来过他家几次,还流露出某些同情之意。苦禅先生警觉很高,只是画画儿,然后盖上新刻的图章"天逸囚窟生",但没有流露半点实情。敌人加紧了监视,自己家已经不能再作为情报站使用,李苦禅改变了战略,以办画展为名到全国各地去,一方面将卖画的酬劳都给了地下党，一方面也以此继续为地下党工作。

1939年隆冬，正是北方最冷的时候，李苦禅带着儿子李杭来到天津，在法租界滨江道永安饭店举办"李苦禅画展"。此时的李苦禅在京津一带已经名声大振，他的大写意花鸟画很受追捧，许多达官贵人都以能收藏一幅他的画作为荣。画展开始后，永安饭店门庭若市，买画的人络绎不绝。短短2天，展出的画作大半都有了主儿。当时的规矩，凡是有主的书画，一律挂上红布条儿，写上收藏人的姓名。迟来的，面对挂着红布条的佳作，只有望画叹息的份了。7天的画展结束后，李苦禅收到了1000多块润笔费，他立即通知地工组的成员，把钱取走，给地下组织当经费。最后，父子俩只是买了顶帽子、一条围脖儿，两手空空地返回了北平家中。

第二年夏天，李苦禅又携长子李杭来到天津"三不管儿"租房作画、卖画。照例，高官、富商又闻讯而来，10天内所有字画抢购一空。苦禅先生父子守着卖画巨款，分文不动，以同样的方式迅速把钱交给前来取款的地工组成员。几次来津献艺卖画，许多人以为他卖画发大财了，但无人知晓卖画巨款的真实去向。后来当人们问起苦禅先生参加抗日地下活动的事儿，他总是说：些许小事，不足挂齿。可是，直到20世纪70年代，他的抗日事迹，才逐渐传出来。

第五节

任教国立艺专

　　胜利终于来了。1945年8月15日，日本鬼子投降了。中国人民经过十几年艰苦卓绝的抗日斗争，终于打败了日本侵略者。消息传到北平，看着一面面膏药旗从大大小小的建筑物上落下，李苦禅别提多高兴了。想起和日本人斗争的一幕幕回忆，抚摸着自己大腿上被日寇毒打留下的伤疤，李苦禅心中的愤懑和屈辱，终于在这一天全部爆发出来。他随着大街上热烈游行的人群，跳着、笑着，尽情庆祝，肆意宣泄。在一些公开场合，他表演拳术、清唱京剧唱段，与同胞们共享胜利的喜悦。从日寇入侵的第一天起，李苦禅就坚信，中华民族是打不倒的，胜利必将属于人民，他只是没想到，最终的胜利，竟然等了那么久。

昔日的国立北平艺专

日军投降后，国民政府接管了北平城。时间不长，李苦禅心中胜利的喜悦就被现实冲淡了。他看到，满城的接收大员们，根本不考虑老百姓的利益，也没有人关心艺术界，只是一味忙着往自己口袋里捞钱。英雄不得志，苦闷的李苦禅爱上了喝酒，经常是天天喝醉。

转机发生在1946年。这年7月底，得到国民政府支持的徐悲鸿抵京，北平市美术协会召开大会，对徐悲鸿的任职表示热烈欢迎。8月，徐悲鸿就任国立北平艺专校长，重组艺专，重聘教员，推行以西洋写实主义（素描）改造中国画的措施。徐悲鸿听说李苦禅一直没有任职，只是在民间卖画谋生，马上找到李苦禅，聘请他为北平国立艺专国画教授。李苦禅赋闲10年后，终于又重新回到了熟悉的教学岗位。

日寇投降前，由于北平城处于日本人统治下，李苦禅没有稳定的收入，只好将妻子李慧文和幼子留在济南，自己带着长子栖身于凌家。如今有了工作，李苦禅从凌家搬了出来，租住在一间废弃的汽车库里，并且将妻子从济南接来，一家人终于在北平团聚了。后来，徐悲鸿见李苦禅家庭负担较重，又安排他的妻子李慧文在艺专医务室担任医生。有了安定的创作环境，李苦禅的艺术创作能力被再度激发出来。他挑选了一些自己的精品，参加了在北平中山堂举办的庆祝抗战胜利一周年"中国百名书画家书画大展"，受到热烈欢迎，与当时的画家蒋雨浓、王青芳、白铎斋并称为"京中四怪"。同年，李苦禅被推选为首届中

李苦禅作品《大官风顺图》

国美术作家协会常务理事。

这个时期的李苦禅,真正开始在画坛上大放异彩。此阶段是李苦禅人生中起伏巨变的一段历程。其绘画风格亦已超然独立,开一代大写意花鸟画之新风,齐师赞之:"苦禅仁弟有创造之心手,可喜也!""人也学吾手,英(即李英杰,苦禅)也夺吾心,英也过吾,英也无敌""思想与笔墨色色神奇"。

这个阶段的李苦禅作品,以"大黑鸟们"为主,但荷塘、蕉林、石涧、大芋叶、垂竹与"闲花野草"等等画材日见丰沛,自然气息尤为浓厚。笔墨凝重,力透纸背,章法稳重的风格与笔墨洒脱、布局灵动的风格并行不悖,交相得趣。对禽鸟造型强调解剖结构、透视关系与书法用笔的有机结合。对鱼鸟造型尤其强调姿态生动变化,突显生机活泼,力避木鱼呆禽,全由自家速写中出之,然后夸张其美健特点,舍弃其臃痹丑怪,化为意象造型。着色时有"整体调子"的追求。禽鸟点睛技法早已突破了古人的"一点定睛",而往往以"两点定睛"——两点墨夹出眼神光,尤其画鹰点睛,瞵瞵之光直逼画外!即使沿用"一点定睛",也往往点在眼眶前沿内或点成短横形、三角形、月牙形,殊为传神。他的讽刺漫画《大官风顺图》,题道:"有乳为母金为爷,奴颜婢腿三世节。励公戏作",辛辣地讽刺了有奶便是娘的汉奸。还有一件《兰花图》,借用南宋诗人、画家郑思肖的典故题道:"曾记宋人写兰而无根无土,或有问曰:'奈兰无土将何以生?'即曰:'土被金人夺去矣!'文人为社稷之怀抱如此,其伟大可知矣!"但李苦禅画有土生根的兰花,表示坚信抗战必胜、国土必复的信念。从那时起,他经常在画竹的作品上题道:"胸无气节者不可画竹,胸有气节者写竹易成"。画如其人,李苦禅笔下的兰竹,正是他刚毅人格的一种体现。

1949年,国民党败退前夕,李苦禅积极参与何思源(时任北平市市长)、徐悲鸿等北平文化界名流的提议,合力斡旋,呼吁和平解放北平,以保护古都文化遗迹和人民生命财产的安全。终于,中国人民解放军进了北平城,北平解放了!这座伟大的历史和文化名城,回到了人民的手中。

第五章 迎来解放

YINGLAIJIEFANG

百年匠心

李苦禅抑制不住内心的激动,在画室里磨好浓墨,提起大笔,铺开大纸,尽兴地画起他最喜爱、也是最擅长的雄鹰来。在他的心里,雄鹰就是英雄的化身,那鹰,或雄踞山冈、俯瞰山河,或振翅欲飞、直冲蓝天……或回眸晴空、神思遐想。李苦禅分别为这些画作起了标题:高瞻远瞩,江山画图,一击千里、振翅翱翔,群英相会,争奇斗艳。这代表了他内心的真实感情,抒发了对新政权的信心和热爱。

第一节
画鹰表心志

北平和平解放，正是李苦禅希冀的。古城未受到炮火的丝毫伤害，人民的生活未受丝毫影响。学校新分配给他一套住房，位于东城区大雅宝胡同甲2号，李苦禅的心里别提多么敞亮和高兴了。新政权带来的新气象让他感到好奇，也给他带来无穷的信心。他目睹了进城的解放大军军容整齐威武雄壮，他看到老百姓发自内心对共产党的欢迎和热爱，这真是一个新的巨大变化啊。

李苦禅抑制不住内心的激动，在画室里磨好浓墨，提起大笔，铺开大纸，尽兴地画起他最喜爱，也是最擅长的雄鹰来。在他的心里，雄鹰就是英雄的化身，那鹰，或雄踞山冈、俯瞰山河；或振翅欲飞、直冲蓝天；或回眸晴空、神思遐想。

李苦禅先生　　　　　　　　　　　　　作画中的李苦禅

李苦禅分别为这些画作起了标题：高瞻远瞩，江山画图；一击千里、振翅翱翔；群英相会、争奇斗艳，这代表了他内心的真实感情，抒发了对新政权的信心和热爱。这些饱含真情实感的雄鹰图，在艺术上也臻于完美，他的恩师齐白石看到这些画后，不由得击节叫好。1950年春天，齐白石在其中一幅上段题字做了最概括的总结："雪个先生（即八大山人）无此超纵，白石老人无此肝胆。庚寅秋九十岁白石题"。

恩师的认可，愈发激励了李苦禅，他将自己几十年的写意花鸟心得，毫无保留地在课堂上传授给学生。李苦禅上课时，不仅讲解绘画理论，更重视因材施教，针对每个学生的特点，手把手传授，笔法、构图、用墨，种种技巧和心得，毫无保留倾囊相授。李苦禅没有架子，从不以著名画家和教授自居，对学生有问必答，并且非常关心学生的心理和生活，要求他们坚守道德修养和做人原则。每教一个班或一届学生，他首先传授的并不是绘画的技法，而是做人与立人。他常对学生说："当一个画家，首先要当爱国的人、爱人民的人、乐于助人的人。""必先有人格方有画格。所谓人格，爱国第一。"

李苦禅一辈子，教了60余年的国画。在执教生涯中，李苦禅不仅对校内学生尽心尽力，对求教的校外学生和社会青年也倾其所学，毫无保留，并在生活上给他们如父般地关爱与照顾。李苦禅逝世后，一位青年学生在悼文中写道：

"苦禅先生是我的尊师。二十多年来,他对我的谆谆教诲和无微不至的关怀使我铭刻在心……1962年,我当时在泰安上中专,希望能见到心目中久久崇拜的苦禅先生……我抱了一卷画前去拜见,苦老没有一点大师的架子,十分愉快地接待了我这个素不相识的青年,不但耐心地指教我的画,还给我写下了他的通讯地址。从此我便时常写信去向老人请教。那时我家境困难,苦老了解到我的家世后,非常同情,经常买些画册、字帖寄给我,还托人捎字画给我……"

他的一位学生,日后成为著名画家的傅以新曾撰文回忆李苦禅的为师之道:"1962年春节,我们几个未回家过年的学生去给苦老拜年。苦老正在家中画鹰,他一边泼墨,一边与我们聊天。边画边说,这是他的作画习惯。他先勾出鹰的喙和眼,然后换笔用淡墨,笔稍散开,表现鹰头、颈部毛的蓬松。而后大笔画背,一笔一笔铺向纸上,或快或慢,控制着水墨在纸上晕化的时间,变化出羽毛的层次。再后用快笔画尾羽,坚硬而光洁。鹰爪则又以中锋勾勒,尖利如刀。一只雄视的鹰便栩栩如生地展现在我们面前。看苦老作画,就是一种艺术享受。苦老又问起我们每个人的境况。同去的还有中央工艺美术学院的学生,苦老得知他是因生活困难而未能回山东老家时,立即停下笔来,叫儿子李燕:'燕儿,拿钱!让他买票回家看父母!'豪爽任侠、济危救困是他的一贯作风。"

"时近中午,我们一行告辞。苦老得知学校寒假期间每日只开早晚两顿饭,执意留我们在家中吃饭。那时三年困难时期并未过去,粮油肉蛋都是定量供应,而且少得可怜。苦老、师母、李燕和两个妹妹,加我们几个学生,吃饭的人几乎多了一倍,我们吃得很'小心'。苦老看我们拘束,反复督促我们夹菜、添饭。这餐年饭吃的什么已经完全忘记,只有苦老慈爱的音容,永远铭刻在我的脑海中。"

20世纪60年代,中央美术学院岁数大的老师有很多,但是名字被冠以"老"的,唯有一位,他就是李苦禅,人们尊称他为"苦老"。在我印象中,没有别的老师得到这样的称呼。因为在苦老身上,体现了中华民族最合乎传统道德的典范：正直、坚强、淳朴、真诚。

　　字里行间，情真意切。由此，我们也不难看出苦禅老人为人之善良与纯朴。

　　中华人民共和国成立后，1950年4月，国立北平艺术专科学校与华北大学三部美术系（前身是1938年创建于延安的"鲁艺"美术系）合并，改称中央美术学院，成为教育部直属的唯一一所高等美术学校，徐悲鸿担任首任院长。徐悲鸿在20世纪20年代，曾经担任过国立北京艺术专科学校的校长，由于与学校的艺术观点及教育方式不同，很快就遭到排挤，时间不长，校长也就干不成了。1946年徐悲鸿重返北平，重新担任校长后，这种情况又出现了。当时校内几位主要的教师，不同意徐悲鸿过于激进的办学方针，认为徐改革力度过大，改革方向存在偏差，会"毁掉中国画"。随着双方矛盾不可调和，事情越闹越大，几位老师最后以辞职相逼，希望徐悲鸿能收回成命。此时的徐悲鸿已不是当年那个资历尚浅、无人支持的无名小辈，他不做丝毫让步，针锋相对，竟然大笔一挥，同意辞职。这件事情影响极大，引起教育界、美术界的强烈反响。暂且不论此事孰是孰非，但徐悲鸿已然确立了其在当时美术界的强势地位，这是事实。后来的办学过程也能看出，徐悲鸿已经完全掌控了美专的办学风格。李苦禅在整个事件中，未受很大冲击，他仍然坚持自己的教学原则，提倡学生要重视写生、素描的基础训练，重视日常的传统文化修养，学会从传统中找到自身发展的路径。

第二节

写给毛主席的信

美专合并成美院后不久,由于艺术观点分歧,学院个别领导给李苦禅以不公正的待遇,将他改为"兼职教授",每星期在陶瓷系教学生画瓷器,共两节课,薪金以小时计算,即每月"80斤小米"。三个月后调到"120斤小米"(当时以小米价折合人民币发工资)。这对李苦禅来说,又是一段艰苦的折磨时期。

20世纪50年代初,1斤小米折合新人民币约1角左右。以齐白石的月薪为例,他当时是中央美院的正式教授,月薪825斤小米,折合新人民币82元左右。那时,老舍为了替齐白石推销花鸟扇面,在他的办公室桌上陈列一二十把扇面,明码标价5元钱一把。每逢来访者老舍总是劝其掏钱

李苦禅夫妇合影

购买一把。据北京大学经济学院张友仁教授回忆说:"1951年我在北大经济系当助教,月薪400多斤小米,可养一家三口,生活较宽裕。"

20世纪50年代初期,全国各高等院校教职工的月薪均以粮食斤数为单位计算。人民政府之所以用当天粮食牌价折合人民币的方式发放工资,主要是考虑到当时物价时有波动,怕教职工吃亏,目的是为了保障他们的实际生活水准。那时,全国高校无论公立还是私立,在北方地区的高校,一般按当天小米牌价折合人民币发月薪,在南方地区的高校,一般则按当天大米牌价折合人民币发工资。

由于李苦禅"半工半教",不能教课,只负责给学生们买票等杂务,每月只能领12元的工薪。当时的李苦禅,除了自己的妻子、孩子,还抚养着自己两任前妻的母亲,一家九口人,这点薪水根本不够。

微薄的薪水无法养家,想工作又无事可做,李苦禅痛苦至极,经常以酒浇愁。有一天竟然和门口卖艺的一起舞起了大刀,帮艺人挣钱,自己却分文不要,引得众人喝彩。妻子李慧文见了,连忙躲进家里悄悄流下眼泪。她的自尊心很强,她知道丈夫尽管是著名画家,如今落到这个地步乃命运使然,但不能失去生活的信心，毕竟他和这个家是从风雨如晦之中走过来的。等到李苦禅回家，她平心静气地安慰、开导丈夫："这是全美术界的大势所迫，咱不能只怪学校，也不能怪哪个人。只要咱们画得好，人格好，有真本事，有人缘，不愁没有口饭吃。你现在事业不顺利，但凡事不能急，急不仅无济于事，反而伤身体，养好身体才能有未来……"妻子的理解和支持，一字一句像春风化雨滋润着李苦禅的心田，也让他重拾对生活的信心。在李苦禅受打击的日子里，许麟庐的"和平画店"也帮他卖画，给了他许多温暖。日后，李苦禅与同为中央美院教授的许麟庐结成挚友，并请许麟庐教长子李杭绘画。

有人看不下去，知道他和毛泽东曾有过几个月的同窗之缘，便劝他写信向毛泽东反映情况。李苦禅心想，三十多年过去了，毛主席还能记得他吗？家人劝他"别写信。穷日子就穷过吧，弄不好连卖戏票的差使也丢了。"

一天，李苦禅喝了点儿酒，再也抑制不住心中的郁闷，用怀素大草写满了五张宣纸，然后又粘成一封一丈长的大信："毛泽东主席，如今我的困难蒋介石不管了，所以找您来管……余乃堂堂教授却被剥夺讲课之权利……"冤气之下，文泻如注，笔走龙蛇。他用牛皮纸糊了一个信封，写上"中央人民政府毛泽东先生收"，贴上几枚邮票，将信投进了邮筒。酒醒后，他又有些后悔，共和国百废待兴，毛泽东日理万机，为个人事麻烦他，有些不妥。但他又想，信已发出去，何必自寻烦恼！

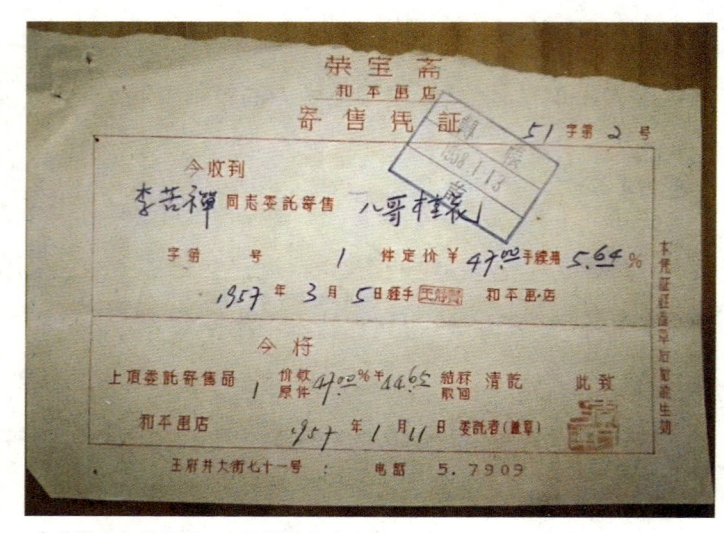

李苦禅当年的作品，50元钱就能在市场买到

这封超大规格的信,居然还真寄到了毛泽东的手里。看到李苦禅的来信后,虽然对三十多年前一起预备留法的老同学印象不很清晰,但毛泽东对他那汪洋恣肆、气势磅礴的草书却十分欣赏,认为此人绝非等闲之辈,当即给美院院长徐悲鸿写了一封信。

随后,为了进一步了解李苦禅的情况,毛泽东又派秘书田家英亲自调查。田家英来到他家对他说:您的长信毛主席收到了。他很重视这事,他一方面给徐悲鸿院长写了信,一方面特意派我来调查了解有关情况,以便向他当面汇报。说着,田家英又把毛主席给徐悲鸿院长的信函复本念给李苦禅听:

悲鸿先生:

　　有李苦禅先生来信,自称是美术学院教授,生活困难,有求助之意。

　　此人情况如何,应如何处理,请考虑示知为盼。

　　顺颂教祺!

　　(李信附陈)

毛泽东
1950 年 8 月 26 日

听罢,李苦禅激动不已,他没想到毛主席竟然真的亲自过问此事。他对田家英说:"我后悔啊!悔不该以私人之事书信打扰润之先生。毛主席日理万机,每天得多忙啊!只因我酒后一时冲动,打扰了他!又劳您屈尊枉驾来寒舍调查……"田家英拉着李苦禅的手又说:主席说了,您的写意画还要坚持画下去,子孙后代还是会需要的。李苦禅向田家英倾诉了自己受到的不公待遇,田家英一一做了记录,临别时对他说:您的工作和生活上的困难,一定会妥善解决的。

有了毛泽东的亲笔信和田家英的意见,徐悲鸿也就有了"尚方宝剑",问题迎刃而解。这年十月，学校即每月给苦禅的工资增加到"五百斤小米"，当时名为"研究金"。李苦禅的教授职务也恢复了，被安排为中央美院附设的民族艺术研究所研究员，工资升到62元，再加上李慧文的40元工资，生活有了保障。1952年，李苦禅"正研究员"的工资已升到120元。此后，李苦禅一直在中央美术学院任教，成为中央美术学院中国画系四大教授之一。

随着共和国美术教育事业逐渐走上正轨，中央美术学院日渐成为国内美术教育的第一学府。但受到当时美术界极"左"之风的影响，认为"写意花鸟画是封建文人士大夫的艺术，不能为革命服务"，李苦禅的花鸟画处于被排挤的境地，难近主流。他偶有作画，也多系沉闷景象，连久存惜用的古旧宣纸也取出来作画，自观自赏，宽慰心怀，笔墨章法多有徐文长与八大山人的意味。此时他的作品题款常用"李英"，是因为有人说"苦禅这个名太封建落后了！"课上示范留下的作品每有早年写实风格的再现，不敢"太写意"。甚至还有人家出题作的"革命花鸟画"，如画一群喜鹊围着一只垂头丧气的猫头鹰，比喻"世界人民反对帝国主义"。他一边画一边笑道："谁看得懂这玩意儿！"回到家，扔进炉子里一把火烧了。1958年全国兴起"大跃进"，他也不得不跟着形势画了"大鱼图"之类题材，题上"力争上游"，也算跟上"总路线"的新国画啦！总之，在这个"新""旧"交替，思潮波动的时期，他的作品风格难定，一支曾经豪放而有气魄的画笔，似乎被一些无形的手在约束着，画着一些似他非他的作品。即使这样，李苦禅在美院仍名列"思想落后不宜宣传"之列。他得知此事后，愤然于《雨中雄鸡图》上题道："人道我落后，和处亦自然，待到百年后，或幸留人间！"依旧倾全力于教学和作画。

1951年李苦禅调民族美术研究所任研究员。因自愿报名于土改工作，被派往四川江油，参加土改工作队。他在当地一农民家里发现一件战国青铜重器，马上向上级打报告，有关部门立即将之运回北京，挽救了这一稀世珍宝。回京后，李苦禅凭记忆作山水画《剑门关一瞥》赠张守常，而李苦禅一生很少作山水

LI Kuchan 李苦禅

李苦禅作品《远瞻山河壮》

画，此为其中极珍贵之一幅。

  1959年至1964年，"大跃进"的狂热渐渐冷却，"三年自然灾害的经济困难时期"也已经过去，文艺界的局面相对稳定了，李苦禅的名字和作品开始见于影视报章和某些学术场合。此时他画了中华人民共和国成立后第一幅丈二匹横幅大画《山岳锺英图》，群鹰踞于松崖，以群鹰比拟群英，阳刚气魄充溢画面，广获画界好评。不久，又应邀为中国国际书店创作纵幅丈二匹《双鹰松崖图》，代表新中国，在世界多国巡回展出。此阶段他很少作条幅，作品多为四尺三开小幅、二尺斗方、四尺或五尺、六尺的中堂，间或作四尺或六尺横幅。题材多系"大黑鸟们"与荷塘、梅、兰、竹、菊、葵花、秋葵、鱼蟹、鹌鹑、八哥、家禽等自家传统题材。此时其画的章法更为多变，或简而不空，或繁而不乱，极富"形式感"，大开大阖间气势充盈，任运成像间自寓法度，意象造型更为夸张凝练。多为画家之精品。

  这个时期的李苦禅，画的鹰与鱼鹰最多，也最美。以鹰与鱼鹰为例，前者体形殊似几何"梯形"，显其雄壮，嘴眼变为方形，足爪亦现棱角，显其勇猛。后者体形似舟，显其善泳，头部近乎三角形，显其善渔。此时的笔墨全然将八大山人、徐青藤与齐白石等大师之法融为一体，浓墨若乌云欲雨，黑而不板，淡墨若晨烟暮霭，透而不灰，尤得八大山人之三昧。正如白石翁20世纪50年代对画家骆陀所言："乾嘉之后，笔墨当推苦禅"。

第三节

人生悲苦　禅意栖居

1976年"文革"结束,恢复了名誉与教授职务的李苦禅,迸发出强烈的创作激情。他珍惜这失而复得、来之不易的环境,不顾年高体弱,先后创作了《红梅怒放图》《晴雪图》等大批精品力作。

1980年,李苦禅应邀任全国政协委员。他为人民大会堂西藏厅作巨幅《墨竹图》《劲节图》。为推进中国花鸟画教学,不辞辛苦,参加《中国花鸟画》《苦禅画鹰》和《苦禅写意》三部科教影片的拍摄。此时的李苦禅虽然年逾八旬,但身体康健、思维敏捷,在镜头前仍是谈笑风生,下笔如行云流水。

1981年,李苦禅被选为中国画研究院委员。同年完成巨幅国画《盛夏图》,此作当为画家这一生艺术创作的巅峰代表作。参加教学片《苦禅写意》的拍摄后，以八旬高龄，游历祖国山河，到漓江写生作画。

1982年，李苦禅赴深圳、珠海、广州、苏州等地参观。在深圳特区参观时为《特区文学》写了观感，并题字"人杰地灵，振兴有望"。在蛇口留下"振兴中华，由南启北"的题词，并应邀在广州美院讲学，此为他一生中最后一次举办的大型讲学。回京后，原定作画百幅，仅完成30幅后即患脑血栓住院两个月。出院后每天坚持晨练身体，上午作画，下午临帖练腕，以促早日康复。

1983年6月8日，应邀为日本长崎孔庙书写仪门对联："至圣无域泽天下，盛德有范垂人间"。谁料3天后，6月11日凌晨，李苦禅因心脏病突发逝世。一代书画大师，杰出的美术教育家，就这样溘然长逝，永远离开了世间。喜爱他艺术的人们，愿意相信，一生悲苦的苦禅老人，一定是悟透了禅宗的本意，得到了极致的大智慧，去向了永无痛苦的极乐世界。

位于山东济南趵突泉公园内的李苦禅纪念馆

李苦禅去世后，其家人将其毕生书画精品全部无偿捐给了国家。人民没有忘记他，为他建造了李苦禅纪念馆和李苦禅艺术馆。

　　李苦禅纪念馆设在济南市趵突泉公园内的万竹园，1986年6月建馆开放，纪念馆共有14个展室，展出书画作品400余件。此外还展有李苦禅先生生前收藏的部分古字画及其生平照片、书信稿等。

　　李苦禅艺术馆坐落于高唐县南湖景区，于2006年9月落成开馆，是其家乡高唐县为纪念他而修建的一座具有国内一流水平的美术馆。